# 社会人常識マナー検定試験
## 第38回・第40回・第42回・第44回・第46回・
## 第48回・第50回・第52回・第54回
## 過去問題集

JN099481

# 3級

## ＜目 次＞

# はじめに

　この問題集は，本協会主催の検定試験の過去問題を収録し，作問の先生方による解説をつけて1冊としたものです。

　本書に掲載された過去問題に取り組み，さらに出題範囲に目を通すことで，毎回出題される問題の傾向や形式をつかむことができ，受験される方にも役だてていただけることと思います。

　試験問題対策には，過去の試験で実際に出題された問題を解く「過去問学習」が有効です。収録回数を3年分（9回分）に抑え，その分，丁寧な解説を加えているので反復練習がしやすく，検定試験に合格できるだけの実力を確実に養成できます。
　試験直前の総仕上げや力試しとして，ぜひとも過去問題に取り組んでください。
　本書を有効に活用し，検定試験に合格されることを期待しています。また下位級からステップアップして上位級にチャレンジされることをおすすめします。
　ぜひ，学習教材の1つとしてご活用いただき，1人でも多くの方が見事合格されることを祈ります。

　最後に，本書のためにご多用のところ問題の解答・解説にご尽力いただきました作問の先生方のご支援に厚くお礼申し上げます。

令和6年4月
監修者　公益社団法人　全国経理教育協会

# ≪≪≪ 社 会 人 常 識 マ ナ ー ≫≫≫

## 目 標・概 要 ━━━━━━━━━━━━━━━━━━━━━━━━

　社会人として活躍するためには，『働く力』が必要となります。業務処理に必要な知識や技能からなる業務遂行能力（テクニカルスキル）と社内外の人と良好な人間関係を築く人間力（ヒューマンスキル）が求められます。

　仕事をする際には，挨拶から始まるお互いを尊重した言動を心がけ，必要な内容を相互理解していくことが重要になります。そのためには，企業・社会のしくみと一般的な社会常識を理解し，適切な敬語で話し，簡潔なビジネス文書にまとめ，相手に失礼にならない電話応対や接遇などのマナーを身につけていくことが求められます。

　業務経験を通じて継続的に成長し，自立した人材になるための基本的な条件は，ビジネス社会のルールを理解したうえで周囲とのコミュニケーションを図れることです。

　また，現代を生きる社会人として，国内外の社会・経済・環境変化などに対する基本的な情報や知識を持つことも必要不可欠です。

　社会人常識マナーとは，『社会常識（ビジネス社会・企業などの組織の一員として活躍するために必要な常識や心構え）』，『コミュニケーション（正しい言葉遣い・目的に応じた適切なビジネス文書作成などの意思伝達スキル）』，『マナー（職場のマナー・電話応対・来客応対・冠婚葬祭など業務処理に必要なビジネスマナー）』を習得することです。

　就職活動期からすでに学生の常識が通用しなくなります。正しい社会常識，ビジネスマナー，コミュニケーションを学び，積極的に活動してほしいと願っています。

　すでにビジネスパーソンとして活躍している方々には，さらなる目標達成のため，また社内外の人からの信頼を得るためにも有効に活用していただければ幸いです。

## 【社会常識】••••••••••••••••••••••••••••••••••••••••••••••••••

1 級 社会情勢の変化をタイムリーに把握し，自らのキャリア形成に向けて主体的なスタンスを確立することの重要性と手法を習得している。

2 級 社会の仕組みや組織の機能・構造を理解し，経済用語やビジネス用語を活用しながら周囲と協働できる基礎力を習得している。

3 級 基本的な社会の仕組み・経済用語・ビジネス用語を理解して社会人として必要な基本的知識を習得している。

## 【コミュニケーション】••••••••••••••••••••••••••••••••••••••••

1 級 社外の取引先や顧客との信頼関係の構築，社内での円滑な人間関係を築くために効果的な話し方，相互理解のための伝達手段の選択と実行，適切なビジネス文書作成など，状況を判断して自発的に高度なコミュニケーション力を発揮できる知識・技能を習得している。

2 級 社内の人との良い人間関係を築き，尊敬語や謙譲語など正しい敬語を理解して，上位者からの指示を正確に受け正しく報告できる，迅速に適切な業務連絡ができる，社内文書の形式や用語などを理解できるなどの基本的な知識・技能を習得している。

3 級 社内外の人との良好な人間関係を築くために，適切な敬語表現を活用し，正確なビジネス文書を作成し，さまざまなビジネスシーンでの状況対応ができる幅広い知識・技能を習得している。

## 【ビジネスマナー】••••••••••••••••••••••••••••••••••••••••••••

1 級 社会のしきたりを理解し，円滑な交際業務が行え，来客応対・電話応対，会議，出張などにおいても高度な知識・技能を習得している。

2 級 自ら考え仕事を遂行するために必要な訪問のマナー，来客応対・電話応対の応用，社外との交際，会議参加・設営などの幅広い知識・技能を習得している。

3 級 指示された仕事を遂行するために，職場のマナー，来客応対・電話応対の基本，結婚・弔事のマナー，文書の取り扱いなどの知識・技能を習得している。

公益社団法人　全国経理教育協会　主催
文　部　科　学　省　後援

# 社会人常識マナー検定試験について

・試　験　日・試験時間・受　験　料・申込期間・試験会場・合格発表・申込方法・受験要項・出題範囲等

　全国経理教育協会ホームページをご覧ください。

全国経理教育協会
ホームページ

受験**要項**
出題範囲

［受験者への注意］

１．申し込み後の変更，取り消し，返金はできませんのでご注意ください。

２．受験者は，試験開始時間の10分前までに入り，受験票を指定の番号席に置き着席してください。

３．解答用紙の記入にあたっては，**HBもしくはBの黒鉛筆または黒シャープペン**を使用してください。

４．計算用具の持ち込みは認めていません。

５．試験は，本協会の規定する方法によって行います。

６．試験会場では試験担当者の指示に従ってください。

　　この試験についての詳細は，本協会又はお近くの本協会加盟校にお尋ねください。

郵便番号　170-0004

東京都豊島区北大塚１丁目13番12号

公益社団法人　全国経理教育協会
helpdesk@zenkei.or.jp

受験番号

# 第38回社会人常識マナー検定試験
## 問 題 用 紙

# 3 級

（令和3年6月5日施行）

## 問題用紙は回収します。持ち帰り厳禁です。

## 注　意

- **試験開始の合図があるまで，問題用紙は開かないでください。**
- 試験問題1部と解答用マークシート1枚があります。
- 試験問題は，全部で7ページです。
- 試験問題と解答用マークシートを，試験担当者の指示にしたがって確認してください。ページ不足や違いがある人は，試験担当者まで申し出てください。
- この試験の制限時間は1時間です。
- 解答は，問題の指示にしたがい，すべて解答用マークシートの指定の位置をマークしてください。
- 解答用マークシートの所定の位置に，試験会場，氏名，学校コード，受験番号を必ず記入してください。また，受験級，学校コード，受験番号は，該当する位置を正しくマークしてください。記入漏れやマーク漏れがある場合には，採点の対象とならない場合があります。
- マークは，HBもしくはBの黒鉛筆または黒シャープペンを使用してください。訂正する場合は，プラスチック消しゴムでよく消してください。
- 解答用マークシートの所定の欄以外には，何も記入しないでください。また，折り曲げたり，汚したりしないでください。
- 解答は次の例題にならって，解答マーク欄をマークしてください。
    例題　大阪府より面積の狭い都道府県はどこか。正しいものを選びなさい。
    （ア）東京都　　（イ）神奈川県　　（ウ）沖縄県　　（エ）香川県　　（オ）佐賀県
    正しい答は（エ）香川県　ですから，次のようにマークしてください。

    例題　　　　　（ア）　　（イ）　　（ウ）　　■　　（オ）

- **計算問題は計算用具（電卓）を使用しなくても解ける内容なので，計算用具（電卓）は使用できません。**
- 印刷の汚れや乱丁，筆記用具の不具合等で必要のある場合は，手をあげて試験担当者に合図してください。

主　催　公益社団法人　全国経理教育協会
後　援　文　部　科　学　省

# 第１問 【社会常識】

**設問１** 次の言葉と同じ意味を持つものを選びなさい。（5点）

1．敬服　　（ア）服従　　（イ）服装　　（ウ）重視　　（エ）感心　　（オ）関心
2．寄与　　（ア）寄付　　（イ）貢献　　（ウ）贈呈　　（エ）進呈　　（オ）与信
3．近辺　　（ア）土地　　（イ）付属　　（ウ）付近　　（エ）地図　　（オ）近日
4．糸口　　（ア）要因　　（イ）因果　　（ウ）端緒　　（エ）顕著　　（オ）部分
5．交渉　　（ア）談判　　（イ）会議　　（ウ）決定　　（エ）判断　　（オ）保留

**設問２** 次の言葉と反対の意味を持つものを選びなさい。（5点）

1．需要　　（ア）消費　　（イ）供給　　（ウ）希望　　（エ）生産　　（オ）協賛
2．依存　　（ア）強制　　（イ）支援　　（ウ）孤立　　（エ）独立　　（オ）先導
3．師匠　　（ア）素人　　（イ）後輩　　（ウ）弟子　　（エ）親子　　（オ）兄弟
4．可決　　（ア）判決　　（イ）議決　　（ウ）決心　　（エ）即決　　（オ）否決
5．抑制　　（ア）制度　　（イ）強化　　（ウ）尊重　　（エ）制限　　（オ）促進

**設問３** 次の文が説明する都道府県はどこか。正しいものを選びなさい。（5点）

1．清水寺や金閣寺などの観光地や祇園祭で有名
　（ア）宮城　　　　（イ）京都　　　　（ウ）福井　　　　（エ）静岡　　　　（オ）沖縄
2．能登半島や兼六園などの観光地や九谷焼で有名
　（ア）石川　　　　（イ）岐阜　　　　（ウ）兵庫　　　　（エ）長野　　　　（オ）島根
3．武田信玄の出身地で，ぶどうの特産地としても有名
　（ア）愛知　　　　（イ）青森　　　　（ウ）新潟　　　　（エ）愛媛　　　　（オ）山梨
4．世界遺産の厳島神社があり，お好み焼きでも有名
　（ア）北海道　　　（イ）福岡　　　　（ウ）広島　　　　（エ）大阪　　　　（オ）山口
5．世界遺産の富岡製糸場があり，赤城山や草津温泉などの観光地も有名
　（ア）鹿児島　　　（イ）東京　　　　（ウ）富山　　　　（エ）群馬　　　　（オ）高知

1

**設問4** 次のカタカナ用語の意味を正しく示す言葉を選びなさい。（5点）

1. アシスト
   （ア）評価　　　　（イ）援助　　　　（ウ）要求　　　　（エ）整理　　　　（オ）格差
2. レジュメ
   （ア）連絡　　　　（イ）相談　　　　（ウ）報告　　　　（エ）翻訳　　　　（オ）要約
3. コンセプト
   （ア）概念　　　　（イ）指示　　　　（ウ）使命　　　　（エ）接点　　　　（オ）連結
4. ダメージ
   （ア）混乱　　　　（イ）混雑　　　　（ウ）修復　　　　（エ）危機　　　　（オ）損害
5. エキスパート
   （ア）経営者　　　（イ）発明家　　　（ウ）専門家　　　（エ）主導者　　　（オ）開拓者

**設問5** 次の文を読んで正しいものにはアを，誤っているものにはイを選びなさい。（10点）

1. 日本において正規雇用と非正規雇用とでは，雇用期間の長さや人材育成サポートの機会の他，社会保険の適用にも差が生じている。
2. 製造物責任法は，製品の欠陥によって消費者が生命・身体・財産に損害を受けた場合，製造者側にその損害を賠償する責任があることを定めたものである。
3. 独占禁止法とは，公正かつ自由な競争を通じて，企業活動を促進することを目的に制定された法律である。
4. 国家資格とは，国や企業が，知識や技術が一定水準以上にあることを認定する資格のことである。
5. ＢＲＩＣＳとは，人口や国土などの資源を持つ新興国で，経済成長も著しいことから注目されているＢ（ブラジル）・Ｒ（ロシア）・Ｉ（インドネシア）・Ｃ（中国）・Ｓ（南アフリカ）の5ヶ国を指している。

**設問6**　次の計算問題文を読んで，解答として正しいものを選びなさい。（5点）

1．バスが市内を時速30kmの速さで進むとき，25分間に何km進むか。

（ア）10.0km　　（イ）12.0km　　（ウ）12.5km　　（エ）13.0km　　（オ）13.5km

2．定価300円の品物を270円で買った。割り引かれた金額は定価の何％か。

（ア）5％　　（イ）10％　　（ウ）15％　　（エ）20％　　（オ）25％

3．食塩と水を2：7の比で混ぜ合わせて食塩水を作るとき，水280gに対して食塩を何g混ぜるとよいか。

（ア）20g　　（イ）40g　　（ウ）60g　　（エ）80g　　（オ）100g

4．1,000円を兄弟二人で分ける。兄が弟の3倍より40円多くなるとき兄の分は何円か。

（ア）240円　　（イ）300円　　（ウ）460円　　（エ）580円　　（オ）760円

5．1分間に5Lずつ水を入れると24分間で満水になる水そうがある。この水そうを6分間で満水にするには，水を1分間に何Lずつ入れるとよいか。

（ア）10L　　（イ）15L　　（ウ）20L　　（エ）25L　　（オ）30L

3

## 第2問 【コミュニケーション】

**設問1** 次の文章は物の受け渡しについて述べたものである。□の中にあてはまるものを語群の中から選びなさい。（重複不可）（5点）

名刺や書類などを　1　ときには，相手の目を見て笑顔で行う。必ず　2　で　3　の高さで持って，相手が　4　方向に変える。　1　ときは「よろしくお願いいたします」，　5　ときは「ありがとうございます」と言葉を添えることも忘れないようにする。

| 語群 | ア | 渡す | イ | 読みやすい | ウ | 受け取る | エ | 両手 | オ | 胸 |
|---|---|---|---|---|---|---|---|---|---|---|

**設問2** 次の文は上司と話すときの言葉遣いである。適当なものにはアを，不適当なものにはイを選びなさい。（10点）

1．（店長に対して）遅くまでお疲れ様でございました。
2．（課長に対して）もうすぐ資料が完成しますので，お待ちしてもらえますでしょうか。
3．（課長に対して）会議で申されましたことを課員に伝えました。
4．（店長に対して）緊急対応のため，今夜は私が事務所におります。
5．（課長に対して）部長が来てほしいと申されていらっしゃいました。

**設問3** 次の文は美しいお辞儀の仕方について順に述べたものである。適当なものにはアを，不適当なものにはイを選びなさい。（10点）

1．相手の目を見ずに深く上半身を倒す。
2．背筋は丸めずに伸ばしてお辞儀をする。
3．上半身を下げたところで一呼吸止める。
4．倒すときよりも速く上半身を起こす。
5．上半身を起こしたときに，相手の目を見る。

設問4　次の文は職場でのコミュニケーションについて述べたものである。もっとも適当と思われる
　　　　ものを一つ選びなさい。（2点）

ア．同僚とは良い人間関係を築くために，プライベートなことを聞くようにしている。

イ．上司が忙しそうにしているときは，急ぎの件でもメールで連絡をするようにしている。

ウ．職場では，上司や先輩に対しては敬意を払うようにしている。

エ．上司から指示を受けるときには，話の途中でも質問をするようにしている。

オ．上司と話すときは，失礼になるのでうなずかないようにしている。


設問5　次は社内文書の作成ポイントについて述べたものである。もっとも不適当と思われるものを
　　　　一つ選びなさい。（2点）

ア．原則として横書きで書く。

イ．本文はできるだけ箇条書きで書く。

ウ．文書の内容が分かるような標題をつけて書く。

エ．上司への報告書は頭語や時候の挨拶などの前文を入れて書く。

オ．一般的に「です」「ます」体で書く。


設問6　次は社内の人への言葉遣いである。もっとも適当と思われるものを一つ選びなさい。（2点）

ア．上司に仕事の報告をした後で「何か分からないことはなかったですか」と尋ねた。

イ．先輩に教えてもらいたいことがあるときは「先輩，ちょっと教えてほしいんですけど」と言う。

ウ．上司に会議資料を見ておいてほしいときには「恐れ入りますが，会議資料をお目通しいただけ
　　ますでしょうか」と言う。

エ．上司から指示を受けたときには「了解しました」と言う。

オ．先輩から机の上が乱雑なので整理するように注意されたので「すみません」と謝った。

5

# 第3問 【ビジネスマナー】

**設問1** 次の文は職場のマナーについて述べたものである。適当なものにはアを，不適当なものには
イを選びなさい。（5点）

1．ミーティングでの連絡事項はメモを取り，欠席していた同僚に伝えるようにしている。

2．職場の雰囲気がよくなるように，同僚に対しては姓ではなく名で呼ぶようにしている。

3．全経商事に外出し15時に戻る予定のときは，行動予定表に「全経商事　15時戻り」と書くよう
にしている。

4．上司に話しかけるときは，急いでいても都合を確認するようにしている。

5．離席するとき30分程度であれば，すぐに仕事に取りかかれるように資料は机上に出したままに
している。


**設問2** 次の文は来客応対について述べたものである。適当なものにはアを，不適当なものにはイを
選びなさい。（5点）

1．面談の約束がない来客には，会社名・氏名を聞き，用件は聞かないようにしている。

2．時間通りに来訪した予約客には，「お待ちしておりました」と伝え応接室に案内するようにし
ている。

3．会議が長引いて名指し人が10分程度遅れてしまうときは，できるだけ待ってもらうようにして
いる。

4．廊下を案内する際，案内人は中央を歩くようにし，来客は斜め後ろの位置になるようにしてい
る。

5．お茶出しをする際，来客と上司が名刺交換をしていたときは，音を立てないように静かにお茶
を置くようにしている。


**設問3** 次の文は同僚の結婚式に招待されたときのマナーについて述べたものである。適当なものに
はアを，不適当なものにはイを選びなさい。（10点）

1．招待状が届いたので，返信用のはがきにお祝いの言葉を添えて出席で出した。

2．招待状に「平服でお越しください」と記載されていたので，普段着で参加するようにした。

3．祝儀袋のお金は新札を準備し，表書きは上段に「寿」，下段に自分の氏名を濃い墨で書いた。

4．受付を頼まれた際は，招待客に「本日はご出席いただきましてありがとうございます」と挨拶
し，芳名帳へ記帳をお願いした。

5．スピーチを頼まれたら，同僚の失敗談や仕事に対する姿勢や考え方などを理解してもらえるよ
うに10分程度話した。

設問4　次の郵便について，関連のあるものを語群の中から選びなさい。（10点）

1．会社関係の郵便

2．広告を目的とした郵便

3．本人に直接開封してほしい郵便

4．荷物や小包など重さや大きさが普通郵便を超える郵便

5．普通郵便より割安で本やＣＤなどを送付できる郵便

| 語　群 | ア | 親展 | イ | ＤＭ | ウ | ゆうメール | エ | 公信 | オ | ゆうパック |
|---|---|---|---|---|---|---|---|---|---|---|

設問5　次は入院している上司を，課を代表して見舞うときに行ったことである。もっとも不適当と思われるものを一つ選びなさい。（2点）

ア．見舞いに行く日時は，上司の家族に事前に知らせておくようにした。

イ．同僚からお金を集めて現金を贈る準備をした。

ウ．服装は，派手な色は避け普段職場で着るシンプルなスーツにした。

エ．仕事の話はできるだけしないようにし，課員からの伝言程度にとどめた。

オ．上司が疲れないように見舞いは10分程度にした。

設問6　次は上司（大塚課長）が外出中，取引先から大塚課長あての電話を受けて作成した伝言メモである。もっとも必要ないと思われるものを一つ選びなさい。（2点）

```
大塚課長
                全経商事　品川様より電話あり

ア．先月注文したXP-22がまだ届いていない，どうなっているのか急いで確認してほしい，
   戻ったら連絡してほしいとのことです。
イ．品川さん，かなり怒っていたのですぐに電話した方がいいと思います。
ウ．連絡先　　03-1234-5678

                                      エ．5月10日14時
                                      オ．神田受け
```

ア．伝言の内容

イ．電話を受けた感想

ウ．相手の連絡先

エ．電話を受けた日時

オ．電話を受けた人の名前

7

14

受験番号

# 第40回社会人常識マナー検定試験
## 問 題 用 紙

# 3 級

（令和3年9月25日施行）

## 問題用紙は回収します。持ち帰り厳禁です。

### 注 意

- **試験開始の合図があるまで，問題用紙は開かないでください。**
- 試験問題1部と解答用マークシート1枚があります。
- 試験問題は，全部で7ページです。
- 試験問題と解答用マークシートを，試験担当者の指示にしたがって確認してください。ページ不足や違いがある人は，試験担当者まで申し出てください。
- この試験の制限時間は1時間です。
- 解答は，問題の指示にしたがい，すべて解答用マークシートの指定の位置をマークしてください。
- 解答用マークシートの所定の位置に，試験会場，氏名，学校コード，受験番号を必ず記入してください。また，受験級，学校コード，受験番号は，該当する位置を正しくマークしてください。記入漏れやマーク漏れがある場合には，採点の対象とならない場合があります。
- マークは，HBもしくはBの黒鉛筆または黒シャープペンを使用してください。訂正する場合は，プラスチック消しゴムでよく消してください。
- 解答用マークシートの所定の欄以外には，何も記入しないでください。また，折り曲げたり，汚したりしないでください。
- 解答は次の例題にならって，解答マーク欄をマークしてください。
  例題　大阪府より面積の狭い都道府県はどこか。正しいものを選びなさい。
  （ア）東京都　　（イ）神奈川県　　（ウ）沖縄県　　（エ）香川県　　（オ）佐賀県
  正しい答は（エ）香川県　ですから，次のようにマークしてください。

  記入例　　（ア）　　（イ）　　（ウ）　　■　　（オ）
- **計算問題は計算用具（電卓）を使用しなくても解ける内容なので，計算用具（電卓）は使用できません。**
- 印刷の汚れや乱丁，筆記用具の不具合等で必要のある場合は，手をあげて試験担当者に合図してください。

主　催　　公益社団法人　全国経理教育協会
後　援　文　部　科　学　省

15

# 第1問 【社会常識】

**設問1** 次の言葉と同じ意味を持つものを選びなさい。（5点）

1．達成　　（ア）発達　　（イ）達者　　（ウ）成人　　（エ）成就　　（オ）就学
2．骨子　　（ア）起点　　（イ）要点　　（ウ）冊子　　（エ）内容　　（オ）詳細
3．模範　　（ア）模擬　　（イ）模倣　　（ウ）類似　　（エ）手本　　（オ）手数
4．総体　　（ア）総務　　（イ）合作　　（ウ）個別　　（エ）体感　　（オ）全体
5．力量　　（ア）手腕　　（イ）力作　　（ウ）強力　　（エ）重量　　（オ）重力

**設問2** 次の言葉と反対の意味を持つものを選びなさい。（5点）

1．支援　　（ア）補助　　（イ）援助　　（ウ）妨害　　（エ）協力　　（オ）助力
2．偉人　　（ア）悪人　　（イ）凡人　　（ウ）奇人　　（エ）変人　　（オ）人望
3．開放　　（ア）放置　　（イ）放任　　（ウ）閉店　　（エ）閉鎖　　（オ）開閉
4．温暖　　（ア）夏日　　（イ）氷河　　（ウ）寒冷　　（エ）猛暑　　（オ）酷暑
5．古豪　　（ア）新旧　　（イ）新鋭　　（ウ）新鮮　　（エ）豪快　　（オ）古株

**設問3** 次の文が説明する都道府県はどこか。正しいものを選びなさい。（5点）

1．東大寺や法隆寺などの観光地や古都としても有名
　　（ア）長崎　　（イ）石川　　（ウ）奈良　　（エ）大阪　　（オ）三重
2．白虎隊で知られる会津若松や猪苗代湖などの観光地でも有名
　　（ア）青森　　（イ）福島　　（ウ）大分　　（エ）新潟　　（オ）東京
3．日本最大級の砂丘や梨の特産地としても有名
　　（ア）鳥取　　（イ）愛媛　　（ウ）宮城　　（エ）山梨　　（オ）熊本
4．種子島や桜島などの観光地や西郷隆盛の出身地でも有名
　　（ア）高知　　（イ）山口　　（ウ）広島　　（エ）鹿児島　　（オ）千葉
5．世界遺産の姫路城や淡路島，異人館でも有名
　　（ア）神奈川　　（イ）長野　　（ウ）佐賀　　（エ）秋田　　（オ）兵庫

1

**設問4** 次のカタカナ用語の意味を正しく示す言葉を選びなさい。（5点）

1．セレモニー
   （ア）式場　　　　　（イ）会食　　　　　（ウ）記念　　　　　（エ）式典　　　　　（オ）記事

2．タイアップ
   （ア）評価　　　　　（イ）提携　　　　　（ウ）昇給　　　　　（エ）時間　　　　　（オ）無限

3．コンベンション
   （ア）会議　　　　　（イ）命令　　　　　（ウ）企画　　　　　（エ）交渉　　　　　（オ）議題

4．ロジカル
   （ア）手頃な　　　　（イ）日常的な　　　（ウ）論理的な　　　（エ）友好的な　　　（オ）柔軟な

5．セキュリティー
   （ア）使命　　　　　（イ）慈善　　　　　（ウ）照明　　　　　（エ）地区　　　　　（オ）防犯

**設問5** 次の文を読んで正しいものにはアを，誤っているものにはイを選びなさい。（10点）

1．経済の自由化や国際化が加速する中で，各国共通のルールやシステムなどの標準的な基準をグローバルスタンダードという。

2．インフレーションとは，物価水準が持続的に上昇を続けていくことで，一般的には好況下で起こりやすい。

3．仕事をする上で必要なスキルの一つとして，業務に関する特別な知識や深い経験などから身に付けるスキルをヒューマンスキルという。

4．国の安全を守る自衛隊を管轄する中央省庁は，国土交通省である。

5．企業の四大経営資源とは，ヒト・モノ・カネ・情報のことである。

2

**設問6**　次の計算問題文を読んで，解答として正しいものを選びなさい。（5点）

1．針金の1mの重さが26gのとき，28mの重さは何gか。

(ア) 712g　　　(イ) 724g　　　(ウ) 728g　　　(エ) 732g　　　(オ) 736g

2．6時間で540km進む電車がある。この電車の分速は何kmか。

(ア) 1.5km　　　(イ) 2.0km　　　(ウ) 2.5km　　　(エ) 3.0km　　　(オ) 3.5km

3．兄と弟が同じ場所から同時に反対方向に歩く。兄は分速64m，弟は分速51mで歩くとき，兄弟が1,380m離れるのは何分後か。

(ア) 8分後　　　(イ) 9分後　　　(ウ) 10分後　　　(エ) 11分後　　　(オ) 12分後

4．400円で仕入れた品物に，2割の利益を見込んで定価をつけた。定価はいくらか。

(ア) 440円　　　(イ) 480円　　　(ウ) 520円　　　(エ) 580円　　　(オ) 600円

5．今年のみかんの収穫は3,600kgで，昨年の120%にあたる。昨年の収穫は何kgか。

(ア) 2,400kg　　　(イ) 3,000kg　　　(ウ) 4,000kg　　　(エ) 4,600kg　　　(オ) 4,800kg

# 第2問 【コミュニケーション】

**設問1** 次の文章はコミュニケーションの目的について述べたものである。 ⬜ の中にあてはまるものを語群の中から選びなさい。（5点）

　　コミュニケーションは，よく ⬜1⬜ に例えられる。相手との ⬜2⬜ を考え，相手が取りやすいボールを投げることや，相手のボールに注意してしっかり ⬜3⬜ ことが大切である。そのためには二人の ⬜2⬜ 感やボールの投げ方・速度など，お互いに細やかな ⬜4⬜ が必要である。一方通行ではなく ⬜5⬜ に円滑なコミュニケーションをとることでお互いの理解が深まり，良い人間関係を築くことができる。

| 語　群 | ア | 受け止める | イ | 双方向 | ウ | 距離 | エ | キャッチボール | オ | 配慮 |
|---|---|---|---|---|---|---|---|---|---|---|

**設問2** 次の文は上司と話すときの言葉遣いである。適当なものにはアを，不適当なものにはイを選びなさい。（10点）

1．（課長に対して）ご予約のお客様が見えられたので，応接室に案内しました。
2．（店長に対して）売上伝票を私が会議にお持ちいたします。
3．（課長に対して）会議資料をご拝見ください。
4．（店長に対して）来月の店長会議についてお聞きになっていらっしゃいますか。
5．（課長に対して）部長が課長にも会議に出席なされてほしいそうです。

**設問3** 次の文は話し方・聞き方のポイントについて述べたものである。適当なものにはアを，不適当なものにはイを選びなさい。（10点）

1．真剣に聞いていることが相手に伝わるように，うなずいたり，あいづちを打ったりしないで聞く。
2．人のうわさ話をもとに，先入観をもって相手の話を聞く。
3．明瞭な声で，上手に間をとりながら話す。
4．最初に理由や具体例を話し，最後に結論を話す。
5．聞き手の目を見て姿勢を正して話す。

4

設問4　次は社内文書のあて名につける敬称について述べたものである。もっとも不適当と思われるものを一つ選びなさい。（2点）

ア．同じ文書を多くの人に出すときは「○○各位」にする。

イ．役職者には「○○部長」などの職名にする。

ウ．部署名と個人名を書くときは「○○部御中○○様」にする。

エ．個人名のみのときは「○○様」にする。

オ．部署名や団体名のときは「○○御中」にする。


設問5　次の文の意味と使い方について，もっとも不適当と思われるものを一つ選びなさい。（2点）

ア．「入場者は100名を超えた」は，100名は含まず，それより上ということである。

イ．「店長ほか3名が参加」は，店長の他に2名，全員で3名ということである。

ウ．「関係者以外の入室禁止」は，関係者のみ入室してよいということである。

エ．「9月30日以前に提出」は，9月30日を含み，それより前ということである。

オ．「3万円未満」は，3万円は含まず，それより少ないということである。


設問6　次は社内の人への言葉遣いである。もっとも適当と思われるものを一つ選びなさい。（2点）

ア．部長から課長へ資料を渡すように指示されたときは，
　　「課長，部長からお渡しするようにと申し付かりました資料です」と言う。

イ．課長から部長の時間が空いていたら部長のところへ行きたいと伝言を頼まれたときは，
　　「部長の時間がよろしければ，課長が来たいと言っています」と言う。

ウ．課長にその件のことを私は知らないが知っているかと聞くときは，
　　「その件については，私は知りません。課長は知っていますか」と言う。

エ．課長に頼まれていたコピーがまだ終わっていないときは，
　　「課長，急いでコピーするから待ってほしいんですけど」と言う。

オ．店長会議の開始時刻を過ぎたが，まだ仕事をしている店長に何時に出かけるかを聞くときは，
　　「店長，店長会議には何時に行くのですか」と言う。

5

# 第3問 【ビジネスマナー】

**設問1** 次の文は職場のマナーについて述べたものである。適当なものにはアを，不適当なものには
イを選びなさい。（5点）

1．朝礼での連絡事項は，メモを取り確認するようにしている。
2．廊下で上司とすれ違うときは，脇に寄って最敬礼をするようにしている。
3．同僚には親しみを込めて「○○ちゃん」やニックネームで呼ぶようにしている。
4．エレベーターに乗る際は，降りる人がいても先に乗るようにしている。
5．机の上は普段から整理整頓を心がけ，必要な最小限のものだけを置くようにしている。


**設問2** 次の文は電話応対の心構えと注意点について述べたものである。適当なものにはアを，不適
当なものにはイを選びなさい。（5点）

1．通話中は，自分が知っている専門用語や略語などを使い迅速に話すようにする。
2．話す際は，会社を代表して応対しているという気持ちで，丁寧に感じよく話すようにする。
3．第一声が会社の印象を決定づけるため，明るく大きな声で自分のペースで話すようにする。
4．相手の会社名や名前は間違っては失礼になるので，復唱して確認するようにする。
5．音声しか伝わらないため，態度や表情には気を配らないようにする。


**設問3** 次の文は来客応対について述べたものである。適当なものにはアを，不適当なものにはイを
選びなさい。（10点）

1．来客の服装や外見で判断せず，歓迎の気持ちを込めて応対するようにしている。
2．来客から名刺をいただくときは，両手で余白を持ち胸の高さで受け取るようにしている。
3．転勤の挨拶に来た客には，名指し人が面談中のときは面談が終わるまで待ってもらうようにし
ている。
4．予約の有無に関係なく，来客には会社名と名前，どのような用件かを確認するようにしている。
5．来客が帰るときは，立ち上がって姿が見えなくなるまで見送るようにしている。

6

**設問4**　次の弔事に関する説明について，適当なものを語群の中から選びなさい。（10点）

1．故人をしのび神仏に供えるために贈るもの

2．遺族の代表者または儀式の主催者

3．遺族や親しい人が集まり故人と一夜を過ごす儀式

4．仏式の礼拝の仕方

5．会社が運営を執り行う葬儀

| 語　群 | ア | 通夜 | イ | 社葬 | ウ | 供物 | エ | 焼香 | オ | 喪主 |
|---|---|---|---|---|---|---|---|---|---|---|

**設問5**　次は郵便物や文書の取り扱いについて述べたものである。もっとも不適当と思われるものを一つ選びなさい。（2点）

ア．「DM」は業務に関係のあるもの以外は破棄している。

イ．「親展」と書かれた郵便物は開封して担当者に渡している。

ウ．「簡易書留」は配達時に印鑑かサインをしてから受け取っている。

エ．「請求書在中」と書かれた郵便物は開封して請求書を担当者に渡している。

オ．「速達」と書かれた郵便物はすぐに担当者に渡している。

**設問6**　次の図は応接室のレイアウトである。上座（一番よい席）をア～オの中から一つ選びなさい。

（2点）

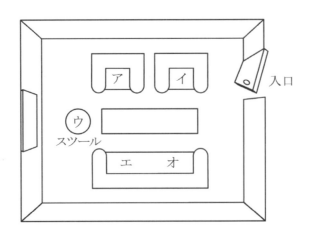

受験番号 ｜ ｜ ｜ ｜ ｜ ｜

# 第42回社会人常識マナー検定試験
## 問題用紙

# 3 級

（令和4年1月15日施行）

## 問題用紙は回収します。持ち帰り厳禁です。

---

### 注　意

- **試験開始の合図があるまで，問題用紙は開かないでください。**
- 試験問題1部と解答用マークシート1枚があります。
- 試験問題は，全部で7ページです。
- 試験問題と解答用マークシートを，試験担当者の指示にしたがって確認してください。ページ不足や違いがある人は，試験担当者まで申し出てください。
- この試験の制限時間は1時間です。
- 解答は，問題の指示にしたがい，すべて解答用マークシートの指定の位置をマークしてください。
- 解答用マークシートの所定の位置に，試験会場，氏名，学校コード，受験番号を必ず記入してください。また，受験級，学校コード，受験番号は，該当する位置を正しくマークしてください。記入漏れやマーク漏れがある場合には，採点の対象とならない場合があります。
- マークは，HBもしくはBの黒鉛筆または黒シャープペンを使用してください。訂正する場合は，プラスチック消しゴムでよく消してください。
- 解答用マークシートの所定の欄以外には，何も記入しないでください。また，折り曲げたり，汚したりしないでください。
- 解答は次の例題にならって，解答マーク欄をマークしてください。
    例題　大阪府より面積の狭い都道府県はどこか。正しいものを選びなさい。
    （ア）東京都　　（イ）神奈川県　　（ウ）沖縄県　　（エ）香川県　　（オ）佐賀県
    正しい答は（エ）香川県　ですから，次のようにマークしてください。

    記入例　　　ア　　イ　　ウ　　■　　オ

- **計算問題は計算用具（電卓）を使用しなくても解ける内容なので，計算用具（電卓）は使用できません。**
- 印刷の汚れや乱丁，筆記用具の不具合等で必要のある場合は，手をあげて試験担当者に合図してください。

---

主　催　　公益社団法人　全国経理教育協会

後　援　文　部　科　学　省

# 第1問 【社会常識】

**設問1**　次の言葉と同じ意味を持つものを選びなさい。（5点）

1．薄情　　（ア）同情　　（イ）感情　　（ウ）事情　　（エ）冷淡　　（オ）温厚
2．詳細　　（ア）委細　　（イ）分析　　（ウ）研究　　（エ）集中　　（オ）密接
3．倫理　　（ア）道路　　（イ）道徳　　（ウ）道理　　（エ）論理　　（オ）論文
4．納得　　（ア）結納　　（イ）得策　　（ウ）要因　　（エ）結果　　（オ）了解
5．真実　　（ア）真剣　　（イ）真価　　（ウ）真相　　（エ）実情　　（オ）実験

**設問2**　次の言葉と反対の意味を持つものを選びなさい。（5点）

1．故意　　（ア）意識　　（イ）同意　　（ウ）過去　　（エ）過失　　（オ）事故
2．好況　　（ア）景気　　（イ）不況　　（ウ）経済　　（エ）財産　　（オ）財務
3．分裂　　（ア）分母　　（イ）分子　　（ウ）別離　　（エ）区分　　（オ）統一
4．楽観　　（ア）主観　　（イ）達観　　（ウ）悲観　　（エ）悲恋　　（オ）観覧
5．自由　　（ア）束縛　　（イ）自我　　（ウ）放任　　（エ）放置　　（オ）安全

**設問3**　次の文が説明する都道府県はどこか。正しいものを選びなさい。（5点）

1．小樽や函館などの観光地で有名
　　（ア）北海道　　（イ）沖縄　　（ウ）東京　　（エ）大阪　　（オ）愛知
2．成田山や九十九里海岸などの観光地で有名
　　（ア）秋田　　（イ）千葉　　（ウ）兵庫　　（エ）徳島　　（オ）鹿児島
3．熱海や浜名湖などの観光地で有名
　　（ア）大分　　（イ）山口　　（ウ）愛媛　　（エ）静岡　　（オ）岩手
4．琵琶湖や近江八幡などの観光地で有名
　　（ア）青森　　（イ）神奈川　　（ウ）新潟　　（エ）滋賀　　（オ）福岡
5．阿蘇山や島原半島などの観光地で有名
　　（ア）茨城　　（イ）石川　　（ウ）岡山　　（エ）高知　　（オ）熊本

1

**設問4**　次のカタカナ用語の意味を正しく示す言葉を選びなさい。（5点）

1．パブリック
　　（ア）海外の　　　　　（イ）国内の　　　　（ウ）公共の　　　　（エ）記念の　　　　（オ）身内の
2．ジェネレーション
　　（ア）世論　　　　　（イ）世代　　　　（ウ）世間　　　　（エ）性別　　　　（オ）差別
3．ミッション
　　（ア）使命　　　　　（イ）使用　　　　（ウ）報告　　　　（エ）連絡　　　　（オ）相談
4．ペンディング
　　（ア）命令　　　　　（イ）絵画　　　　（ウ）競争　　　　（エ）用途　　　　（オ）保留
5．メディア
　　（ア）品質　　　　　（イ）保障　　　　（ウ）照明　　　　（エ）媒体　　　　（オ）教育


**設問5**　次の文を読んで正しいものにはアを，誤っているものにはイを選びなさい。（10点）

1．日本銀行とは，国内経済の安定に取り組む日本における中央銀行である。
2．デフレーションとは，物価水準が持続的に下降を続けていくことで，一般的には好況下で起こりやすい。
3．アウトソーシングとは，経営の効率化を図るためにすべての業務を自社内で行うことである。
4．会社の組織は，部署が持つ役割の観点からライン部門とスタッフ部門の二つに分けることができる。
5．個人情報保護法は，個人を特定できる氏名・住所・電話番号などの情報について，不特定の第三者へ漏れて悪用されないようにするための法律である。

**設問6**　次の計算問題文を読んで，解答として正しいものを選びなさい。（5点）

1．定価1,500円の品物を定価の18%引きで売ると売値はいくらか。

　　（ア）1,120円　　　（イ）1,180円　　　（ウ）1,230円　　　（エ）1,280円　　　（オ）1,300円

2．ガソリン1Lで12km進む自動車が432km走るには何Lのガソリンが必要か。

　　（ア）30L　　　　　（イ）32L　　　　　（ウ）33L　　　　　（エ）35L　　　　　（オ）36L

3．時速36kmで走るバスは，A地点からB地点まで2時間かかる。同じ距離を時速12kmの自転車で走ると何時間かかるか。

　　（ア）3時間　　　　（イ）4時間　　　　（ウ）5時間　　　　（エ）6時間　　　　（オ）8時間

4．1個80円のみかんと1個100円のりんごを合わせて15個買ったら，代金は1,380円であった。りんごはみかんよりも何個多く買ったか。

　　（ア）3個　　　　　（イ）4個　　　　　（ウ）5個　　　　　（エ）6個　　　　　（オ）7個

5．回転すし店では，すしをのせた皿が1時間で156mレーン上を進む。すしの皿は分速何mか。

　　（ア）2.3m　　　　（イ）2.6m　　　　（ウ）2.7m　　　　（エ）2.8m　　　　（オ）3.0m

3

# 第2問 【コミュニケーション】

**設問1** 次の文章は相談をするときのポイントについて述べたものである。　□　の中にあてはまるものを語群の中から選びなさい。（重複不可）（5点）

　相談とは直面する　1　や課題について，上司や先輩の仕事の知恵やノウハウなどを助言してもらうことである。相談は明確な　2　や答えをもらうのではなく，　3　のための助言やヒントをもらうものだと考える。自分でできることはやってみて，自分なりの　4　や意見を持って相談するようにする。相談する相手に　5　に都合を確認し，「○○について相談したいのですが，お時間いただけますでしょうか」と尋ねる。相談後は「貴重なアドバイスをありがとうございました」と感謝の気持ちを伝えるようにする。

| 語群 | ア | 解決 | イ | 結論 | ウ | 問題 | エ | 事前 | オ | 仮説 |
|---|---|---|---|---|---|---|---|---|---|---|

**設問2** 次の文は上司と話すときの言葉遣いである。適当なものにはアを，不適当なものにはイを選びなさい。（10点）

1．（課長に対して）お客様を応接室にお連れしました。
2．（店長に対して）ご報告することを失念しておりました。
3．（課長に対して）そちらの件について，私は知りませんが，課長は知っていますか。
4．（店長に対して）会議出席ご苦労様でした。
5．（課長に対して）会議には何時にいらっしゃいますか。

**設問3** 次の文は上司から指示を受けるときの留意点について述べたものである。適当なものにはアを，不適当なものにはイを選びなさい。（10点）

1．呼ばれたらすぐに返事をし，メモと筆記用具を持って上司のもとへ行く。
2．メモを取りながら集中して聞く。
3．不明点や疑問点は，話の途中でもその都度確認する。
4．指示されたことは，メモにそって要点を復唱・確認する。
5．指示が複数あるときには，先に指示をされたものから取りかかる。

4

27

**設問4**　次は社内文書の議事録に記載する項目である。もっとも不適当と思われるものを一つ選びなさい。（2点）

ア．会議の名称

イ．開催日時・場所

ウ．決定事項

エ．欠席者の欠席理由

オ．議事録の作成者名

**設問5**　次の文はグラフについて述べたものである。もっとも不適当と思われるものを一つ選びなさい。（2点）

ア．グラフには標題，タイトルをつける。

イ．円グラフの項目は比率の大きいものから順に，基線から反時計回りで記入する。

ウ．線グラフは，時間の経過にそった推移の比較に適している。

エ．円グラフは，二つ以上の項目の割合を比較するのに適している。

オ．棒グラフは，一般的には縦軸に数量，横軸に属性や種類を書く。

**設問6**　次の文は職場でのコミュニケーションについて述べたものである。もっとも不適当と思われるものを一つ選びなさい。（2点）

ア．親しい先輩と話すときでも，敬語を使うようにする。

イ．上司がこちらに気づいていないときでも，あいさつは進んで行うようにする。

ウ．良い人間関係を築くために，感謝の気持ちや言葉を忘れないようにする。

エ．先輩から面倒な仕事を頼まれたときでも，期待されていると前向きにとらえるようにする。

オ．仕事の進み具合や状況は，上司から聞かれるまでは報告しないようにする。

5

# 第3問 【ビジネスマナー】

**設問1** 次の文は来客の案内誘導について述べたものである。適当なものにはアを，不適当なものにはイを選びなさい。（5点）

1．廊下では，案内人は斜め前を歩き，来客は中央を歩くようにしている。
2．エレベーターでは，案内人は操作盤の前に立ち，来客は奥の位置を勧めるようにしている。
3．上り階段では，先に案内人が手すり側，後から来客が中央を上るようにしている。
4．応接室のドアが外開きの場合は，ノックをしてから案内人が先に入り，来客が後から入るようにしている。
5．応接室では，出入口から一番近い席を勧めるようにしている。

**設問2** 次の文は電話応対について述べたものである。適当なものにはアを，不適当なものにはイを選びなさい。（5点）

1．外線電話を受けるときは，会社名と名前を名乗り，感じよく挨拶をするようにしている。
2．朝10時くらいまでは，名乗る前に「おはようございます」と挨拶をするようにしている。
3．聞き間違いを防ぐために，相手の会社名・名前をメモして復唱するようにしている。
4．初めて聞く会社名のときは「いつもお世話になっております」とは言わないようにしている。
5．回線が悪く先方からの電話が切れてしまったときは，どんな場合であっても掛かってくるのを待つようにしている。

**設問3** 次の文は弔事のマナーについて述べたものである。適当なものにはアを，不適当なものにはイを選びなさい。（10点）

1．通常は告別式に会葬するのが望ましいが，都合によっては通夜に弔問してもよい。
2．通夜や葬儀に参列できない場合は，故人宛てに弔電や香典を送るようにする。
3．葬儀の服装は，落ち着いた色のスーツであれば何色でもよく，真珠のネックレスは着用しても構わない。
4．香典は，新札を用意し不祝儀袋に入れて受付で渡すようにする。
5．会場で知人に会ったときは，目礼程度の挨拶に留め，長話はしないようにする。

**設問4**　次の事務機器・オフィス家具についてあてはまるものを語群の中から選びなさい。（10点）

1．パソコン画面を大型スクリーンに投影する機器

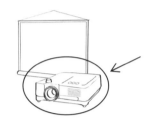

2．不要な書類を細断する機器

3．書類を留める事務用品

4．一連の数字の続き番号を打刻する事務用品

5．ひじ掛けや背もたれのない椅子

| 語　群 | ア | スツール | イ | ステープラ | ウ | ナンバリング | エ | シュレッダー | オ | プロジェクター |
|---|---|---|---|---|---|---|---|---|---|---|

**設問5**　次は郵便物の取り扱いについて述べたものである。もっとも不適当と思われるものを一つ選びなさい。（2点）

ア．ビジネスでは一般的に会社名が印刷されている社用封筒を使用する。

イ．「親展」は，あて名人自身に開封してもらいたいときに使用する。

ウ．「在中」は，封筒の中身を明記する際に使用する。

エ．郵送において料金不足の場合は差出人に戻されるため，受取人に届くことはない。

オ．封の仕方は糊付けが基本で，合わせ目に「封」などと書く。

**設問6**　次は日常のマナーについて述べたものである。もっとも適当と思われるものを語群の中から一つ選びなさい。（2点）

ア．有給休暇は正当な権利であるため，自分で好きな日を決めて取るようにしている。

イ．風邪で熱が出たため休むときは，同僚に連絡して上司に伝えてもらうようにしている。

ウ．廊下で来客や上司とすれ違うときは，脇によって会釈をするようにしている。

エ．机の上は資料やパソコンなどを常に開いておき，仕事にすぐに取りかかれるような状態にしている。

オ．定時に帰る際，同僚が仕事をしているときは，邪魔にならないように何も言わずに帰るようにしている。

7

【禁無断転載】

受験番号 ｜ ｜ ｜ ｜ ｜ ｜

# 第44回社会人常識マナー検定試験
## 問 題 用 紙

# 3 級

（令和4年6月4日施行）

## 問題用紙は回収します。持ち帰り厳禁です。

### 注　意

- **試験開始の合図があるまで，問題用紙は開かないでください。**
- 試験問題1部と解答用マークシート1枚があります。
- 試験問題は，全部で7ページです。
- 試験問題と解答用マークシートを，試験担当者の指示にしたがって確認してください。ページ不足や違いがある人は，試験担当者まで申し出てください。
- この試験の制限時間は1時間です。
- 解答は，問題の指示にしたがい，すべて解答用マークシートの指定の位置をマークしてください。
- 解答用マークシートの所定の位置に，試験会場，氏名，学校コード，受験番号を必ず記入してください。また，受験級，学校コード，受験番号は，該当する位置を正しくマークしてください。記入漏れやマーク漏れがある場合には，採点の対象とならない場合があります。
- マークは，HBもしくはBの黒鉛筆または黒シャープペンを使用してください。訂正する場合は，プラスチック消しゴムでよく消してください。
- 解答用マークシートの所定の欄以外には，何も記入しないでください。また，折り曲げたり，汚したりしないでください。
- 解答は次の例題にならって，解答マーク欄をマークしてください。
    例題　大阪府より面積の狭い都道府県はどこか。正しいものを選びなさい。
    （ア）東京都　（イ）神奈川県　（ウ）沖縄県　（エ）香川県　（オ）佐賀県
    正しい答は（エ）香川県　ですから，次のようにマークしてください。

    記入例　　ア　　イ　　ウ　　■　　オ
- **計算問題は計算用具（電卓）を使用しなくても解ける内容なので，計算用具（電卓）は使用できません。**
- 印刷の汚れや乱丁，筆記用具の不具合等で必要のある場合は，手をあげて試験担当者に合図してください。

主　催　公益社団法人　全国経理教育協会
後　援　文　部　科　学　省

# 第1問 【社会常識】

**設問1** 次の言葉と同じ意味を持つものを選びなさい。（5点）

1．不足 　（ア）不義 　（イ）不達 　（ウ）欠陥 　（エ）欠乏 　（オ）足労
2．有名 　（ア）無名 　（イ）著名 　（ウ）著者 　（エ）主流 　（オ）有利
3．没頭 　（ア）頭角 　（イ）熟知 　（ウ）専念 　（エ）埋没 　（オ）念頭
4．誠意 　（ア）意識 　（イ）専心 　（ウ）遺憾 　（エ）真実 　（オ）真心
5．潮流 　（ア）時間 　（イ）時勢 　（ウ）満潮 　（エ）干潮 　（オ）流儀

**設問2** 次の言葉と反対の意味を持つものを選びなさい。（5点）

1．一般 　（ア）一番 　（イ）一応 　（ウ）特性 　（エ）差別 　（オ）特殊
2．天然 　（ア）自然 　（イ）環境 　（ウ）人工 　（エ）天候 　（オ）風水
3．精算 　（ア）計算 　（イ）目算 　（ウ）概算 　（エ）決算 　（オ）精米
4．細心 　（ア）微細 　（イ）敏感 　（ウ）最低 　（エ）大胆 　（オ）心身
5．歓喜 　（ア）悲哀 　（イ）歓談 　（ウ）喜怒 　（エ）感謝 　（オ）冷淡

**設問3** 次の文が説明する都道府県はどこか。正しいものを選びなさい。（5点）

1．別府や湯布院などの観光地で有名
　（ア）青森 　（イ）群馬 　（ウ）京都 　（エ）山口 　（オ）大分
2．特産品のわんこそばや，平泉などの観光地で有名
　（ア）岩手 　（イ）茨城 　（ウ）長野 　（エ）三重 　（オ）鹿児島
3．特産品のいちごや，日光などの観光地で有名
　（ア）福島 　（イ）栃木 　（ウ）福井 　（エ）島根 　（オ）福岡
4．特産品のみかんや，道後温泉などの観光地で有名
　（ア）山形 　（イ）神奈川 　（ウ）静岡 　（エ）和歌山 　（オ）愛媛
5．飛騨高山や白川郷などの観光地で有名
　（ア）宮城 　（イ）新潟 　（ウ）岐阜 　（エ）滋賀 　（オ）長崎

1

**設問4** 次のカタカナ用語の意味を正しく示す言葉を選びなさい。（5点）

1．コンセンサス
    （ア）主張　　　　（イ）反対　　　　（ウ）会議　　　　（エ）合意　　　　（オ）内容
2．ドメスティック
    （ア）徹底的な　　（イ）国内の　　　（ウ）海外の　　　（エ）公共の　　　（オ）論理的な
3．リーク
    （ア）情報漏洩　　（イ）現実性　　　（ウ）要約　　　　（エ）連絡　　　　（オ）仲介業者
4．パイオニア
    （ア）部外者　　　（イ）指導者　　　（ウ）開拓者　　　（エ）熟練者　　　（オ）独裁者
5．エコノミスト
    （ア）発明家　　　（イ）経営者　　　（ウ）天文学者　　（エ）権威者　　　（オ）経済学者

**設問5** 次の文を読んで正しいものにはアを，誤っているものにはイを選びなさい。（10点）

1．日経平均株価とは，東京証券取引所一部上場企業の中から5銘柄を選定して，アメリカのダウ・ジョーンズ社が開発した計算方式を用いて算出した株価指数である。
2．国民が安心して暮らせる地域づくりに欠かせない消防庁を管轄する中央省庁は，総務省である。
3．労働基準法とは，労働者の保護を目的として1947年に成立した法律で，賃金や労働時間，休日などの労働条件における最低基準を定めたものである。
4．組織において，所属する一人ひとりが目標を持って業務に取り組むことが，組織全体の目標達成に大きく寄与している。
5．仕事を遂行する上で必要なスキルとして，論理的に考えて分析できる思考力や，問題や課題の本質を見抜いて対策を立案する課題解決力などは，テクニカルスキルと呼ばれている。

**設問6**　次の計算問題文を読んで，解答として正しいものを選びなさい。（5点）

1．時速60kmの車が45分走ると何km進むか。

　　　（ア）35km　　　　（イ）40km　　　　（ウ）45km　　　　（エ）50km　　　　（オ）55km

2．1個3,600円の品物を2割引で買った。割引いた金額で4個の品物が買えた。買えた品物の1
　　個の値段はいくらか。

　　　（ア）100円　　　　（イ）120円　　　　（ウ）140円　　　　（エ）160円　　　　（オ）180円

3．兄は1,300円，弟は500円持っていた。2人が同じ金額を出して母のプレゼントを買ったとき，
　　兄の所持金は弟の6倍より50円多くなった。プレゼントの値段はいくらか。

　　　（ア）350円　　　　（イ）400円　　　　（ウ）500円　　　　（エ）700円　　　　（オ）800円

4．食塩600gは240円である。この食塩200gの代金はいくらか。

　　　（ア）60円　　　　（イ）80円　　　　（ウ）90円　　　　（エ）100円　　　　（オ）120円

5．2本の電柱が156m離れている。この電柱の間に12本の木を等間隔で植えると，その間隔は何m
　　か。

　　　（ア）10m　　　　（イ）11m　　　　（ウ）12m　　　　（エ）13m　　　　（オ）14m

# 第2問 【コミュニケーション】

**設問1** 次の文章は第一印象について述べたものである。 □□□ の中にあてはまるものを語群の中から選びなさい。（5点）

　　私たちは初めて会う相手に対し， 1 に相手を判断し，何かしらのイメージを抱く。これが第一印象である。第一印象は数秒で決まり，その後も印象は継続するといわれている。人間関係では，相手から 2 印象を受けるとその人に 3 を持ち，やがて信頼関係につながるのである。第一印象の構成要素は 4 （身だしなみ・表情・態度）， 5 （声のトーン・声の大きさ・話し方），話の内容（言葉遣い・話の組み立て）などである。第一印象に留意し，円滑なコミュニケーションをとることでお互いの理解が深まり，よい人間関係を築くことができるのである。

| 語 群 | ア | 明るい | イ | 瞬時 | ウ | 聴覚情報 | エ | 好感 | オ | 視覚情報 |
|---|---|---|---|---|---|---|---|---|---|---|

**設問2** 次の文は上司と話すときの言葉遣いである。適当なものにはアを，不適当なものにはイを選びなさい。（10点）

1．（課長に対して）お手すきの際に作成した資料をご確認いただけますでしょうか。
2．（店長に対して）売上伝票の作成が終わりましたので，確認いたしてくださいますか。
3．（課長に対して）大阪への出張はいつから行くのですか。
4．（店長に対して）来月の店長会議について聞き及んでいらっしゃいますか。
5．（課長に対して）部長が課長にも会議に出席なさってほしいそうです。

**設問3** 次の文は社内文書について述べたものである。適当なものにはアを，不適当なものにはイを選びなさい。（10点）

1．発信日付は月・日のみを書く。
2．受信者名・発信者名ともに役職名のみでもよい。
3．件名は文書の内容を要領よくまとめて書く。
4．本文は簡潔に分かりやすくするために，すべて箇条書きで書く。
5．重要な文書の終わりには「以上」を入れるが，重要でなければ書かない。

設問4　次の文は先輩社員との接し方について述べたものである。もっとも不適当と思われるものを一つ選びなさい。（2点）

ア．豊富な経験や知識を持つ先輩に敬意を払う。

イ．親しい先輩でも友達のように接することはしない。

ウ．仕事の処理方法など，先輩から指導やアドバイスを積極的に求める。

エ．先輩から面倒な仕事を頼まれたら，不満な顔をして今度は頼まれないようにする。

オ．判断に迷うことがあれば，自己判断で進めず先輩に確認する。


設問5　次の文は社内での言葉遣いである。もっとも不適当と思われるものを一つ選びなさい。

（2点）

ア．上司から急いでコピーをしてほしいと頼まれたとき「至急コピーいたしますので，少々お待ちいただけますでしょうか」と言う。

イ．店長に報告することを忘れていたとき「店長，ご報告することを失念いたしておりました。申し訳ございません」と言う。

ウ．他部署の部長から出張中の部長の所在を聞かれたとき「部長は出張中です。〇日から出社されますが，いかがいたしましょうか」と言う。

エ．支店の人に会ったとき「いつもお世話になっております」と言う。

オ．課長からその件について知っているか聞かれたとき「そちらの件につきましては，私は存じません」と言う。


設問6　次の文は上司から指示を受けるときの対応である。もっとも適当と思われるものを一つ選びなさい。（2点）

ア．呼ばれたらすぐに「はい」と返事だけしておき，作業が終了後に上司のもとに行く。

イ．記憶力に自信がある場合，メモと筆記用具は持たずに，上司のもとに行く。

ウ．上司の指示は，途中でさえぎらず，最後まで集中して聞く。

エ．要点は，復唱・確認しなくてもよい。

オ．不明な点や疑問点は，後日まとめて確認をする。

# 第3問 【ビジネスマナー】

**設問1**　次の文は職場のマナーについて述べたものである。適当なものにはアを，不適当なものにはイを選びなさい。（5点）

1．机の上は整理整頓し，仕事に必要な最小限のものだけ置くようにしている。
2．会議室や応接室に入るときは，ノックしないで入室するようにしている。
3．仕事中に上司がそばに来たときは，見下ろさないように座ったままで話を聞くようにしている。
4．職場での服装は，信頼感を得やすい落ち着いた色のスーツやネクタイを選ぶようにしている。
5．上司と廊下を歩くときは，上司の二，三歩斜め前の位置で，上司の歩調に合わせて歩くようにしている。

**設問2**　次の文は機密保持について述べたものである。適当なものにはアを，不適当なものにはイを選びなさい。（5点）

1．社内で機密文書をコピーするときは，念のため必要枚数より余分にコピーしている。
2．社員の個人情報を保管するときは，一般の書類とは別にして鍵のかかるキャビネットを使用するようにしている。
3．取引先に契約書を郵送するときは，ゆうメールで送り，相手にも送ったことを知らせるようにしている。
4．顧客データをメールで送るときは，パスワードをかけて送るようにしている。
5．他部署の社員から部外秘の情報を聞かれたら，口外しないことを約束してから話すようにしている。

**設問3**　次の文は受付での来客応対について述べたものである。適当なものにはアを，不適当なものにはイを選びなさい。（10点）

1．客が来訪したときは，すぐに立ち上がり相手の目を見て笑顔で挨拶をしている。
2．転勤の挨拶に来た客には，面談の予約がないと取り次げないと言い丁寧に断るようにしている。
3．来客には，予約の有無に関係なく会社名と名前，誰あてか，どのような用件かを正確に尋ねている。
4．来客応対中に電話が鳴ったときは，相手に断ってから電話に出るようにしている。
5．来客から名刺をもらうときは，両手で胸の高さで受け取るようにしている。

**設問4**　次の数え方について適当なものを語群の中から選びなさい。（重複不可）（10点）

1．手紙
2．エレベーター
3．会議の議題
4．書類
5．湯飲み

| 語　群 | ア | 客 | イ | 台 | ウ | 件 | エ | 部 | オ | 通 |
|---|---|---|---|---|---|---|---|---|---|---|

設問5　次の文は社外からの電話の受け方について述べたものである。もっとも不適当と思われるものを一つ選びなさい。（2点）

ア．手元にはメモ用紙と筆記用具を準備して，いつでもメモを取れるようにしている。

イ．電話の呼び出し音が3回以上鳴ったときは，「お待たせいたしました」と言って出ている。

ウ．声だけで相手が誰か分かったときでも，会社名と名前を確認している。

エ．伝言を依頼されたときは，メモを取り復唱した後，自分の名前を伝えている。

オ．顧客からの電話は，用件が終わったら先に切るようにしている。

設問6　次の図は結婚式の返信はがきの書き方の例である。もっとも適当と思われるものを一つ選びなさい。（2点）

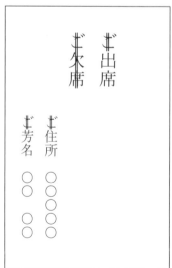

受験番号

# 第46回社会人常識マナー検定試験
## 問 題 用 紙

# 3 級

（令和4年9月24日施行）

## 問題用紙は回収します。持ち帰り厳禁です。

## 注　意

- **試験開始の合図があるまで，問題用紙は開かないでください。**
- 試験問題1部と解答用マークシート1枚があります。
- 試験問題は，全部で7ページです。
- 試験問題と解答用マークシートを，試験担当者の指示にしたがって確認してください。ページ不足や違いがある人は，試験担当者まで申し出てください。
- この試験の制限時間は1時間です。
- 解答は，問題の指示にしたがい，すべて解答用マークシートの指定の位置をマークしてください。
- 解答用マークシートの所定の位置に，試験会場，氏名，学校コード，受験番号を必ず記入してください。また，受験級，学校コード，受験番号は，該当する位置を正しくマークしてください。記入漏れやマーク漏れがある場合には，採点の対象とならない場合があります。
- マークは，HBもしくはBの黒鉛筆または黒シャープペンを使用してください。訂正する場合は，プラスチック消しゴムでよく消してください。
- 解答用マークシートの所定の欄以外には，何も記入しないでください。また，折り曲げたり，汚したりしないでください。
- 解答は次の例題にならって，解答マーク欄をマークしてください。
   例題　大阪府より面積の狭い都道府県はどこか。正しいものを選びなさい。
   （ア）東京都　　（イ）神奈川県　　（ウ）沖縄県　　（エ）香川県　　（オ）佐賀県
   正しい答は（エ）香川県　ですから，次のようにマークしてください。

   記入例　　　（ア）　　（イ）　　（ウ）　　●（エ）　　（オ）
- **計算問題は計算用具（電卓）を使用しなくても解ける内容なので，計算用具（電卓）は使用できません。**
- 印刷の汚れや乱丁，筆記用具の不具合等で必要のある場合は，手をあげて試験担当者に合図してください。

主　催　公益社団法人　全国経理教育協会
後　援　文　部　科　学　省

# 第1問 【社会常識】

**設問1** 次の言葉と同じ意味を持つものを選びなさい。（5点）

1．互角　　（ア）相互　　　（イ）角度　　　（ウ）依存　　　（エ）手腕　　　（オ）同等
2．傑出　　（ア）卓越　　　（イ）出没　　　（ウ）出現　　　（エ）越境　　　（オ）出版
3．魅了　　（ア）悩殺　　　（イ）本能　　　（ウ）了承　　　（エ）平凡　　　（オ）偉人
4．快活　　（ア）快適　　　（イ）適正　　　（ウ）鮮度　　　（エ）活発　　　（オ）発揮
5．生涯　　（ア）生活　　　（イ）時間　　　（ウ）生命　　　（エ）独身　　　（オ）終生

**設問2** 次の言葉と反対の意味を持つものを選びなさい。（5点）

1．支出　　（ア）負債　　　（イ）借金　　　（ウ）歳出　　　（エ）収入　　　（オ）支障
2．削減　　（ア）削除　　　（イ）追加　　　（ウ）追放　　　（エ）減少　　　（オ）少量
3．栄転　　（ア）転勤　　　（イ）左遷　　　（ウ）栄華　　　（エ）栄光　　　（オ）転出
4．隆起　　（ア）突起　　　（イ）突出　　　（ウ）陥没　　　（エ）欠陥　　　（オ）隆盛
5．優良　　（ア）粗悪　　　（イ）優劣　　　（ウ）粗品　　　（エ）悪天　　　（オ）優遇

**設問3** 次の文が説明する都道府県はどこか。正しいものを選びなさい。（5点）

1．特産品のきしめんや，名古屋城などの観光地で有名
　　（ア）岩手　　　（イ）栃木　　　（ウ）愛知　　　（エ）高知　　　（オ）鹿児島
2．特産品のきりたんぽや，角館<sup>かくのだて</sup>などの観光地で有名
　　（ア）秋田　　　（イ）千葉　　　（ウ）新潟　　　（エ）山口　　　（オ）熊本
3．特産品の草加せんべいや，長瀞<sup>ながとろ</sup>などの観光地で有名
　　（ア）青森　　　（イ）埼玉　　　（ウ）石川　　　（エ）岡山　　　（オ）沖縄
4．特産品の泉州水なすや，あべのハルカスなどの観光地で有名
　　（ア）福島　　　（イ）茨城　　　（ウ）三重　　　（エ）大阪　　　（オ）島根
5．特産品のマンゴーや，モアイ像のある日南などの観光地で有名
　　（ア）北海道　　（イ）静岡　　　（ウ）和歌山　　（エ）愛媛　　　（オ）宮崎

1

**設問4**　次のカタカナ用語の意味を正しく示す言葉を選びなさい。（5点）

1．アウトサイダー
　（ア）飲料　　　　（イ）外出　　　　（ウ）部外者　　　　（エ）外部調達　　　（オ）国内
2．コネクション
　（ア）特殊　　　　（イ）縁故　　　　（ウ）交渉　　　　　（エ）取引　　　　　（オ）縁側
3．コア
　（ア）本質　　　　（イ）連絡　　　　（ウ）出力　　　　　（エ）照明　　　　　（オ）世代
4．イニシアチブ
　（ア）著作権　　　（イ）拒否権　　　（ウ）主導権　　　　（エ）市民権　　　　（オ）独占権
5．リカバリー
　（ア）予約　　　　（イ）予防　　　　（ウ）修復　　　　　（エ）守備　　　　　（オ）防衛

**設問5**　次の文を読んで正しいものにはアを，誤っているものにはイを選びなさい。（10点）

1．企業の社会的責任（CSR）とは，企業が社会の一員であるという自覚と責任を持って，社会からの期待や要求に応えていくこととして，日本国憲法に定められている。
2．日本における働き方は，雇用期間に関する制限の有無によって，正規雇用と非正規雇用とに大別されており，派遣社員やパートタイムは正規雇用に含まれる。
3．会社の組織は，部署が持つ役割の観点からライン部門とスタッフ部門に大別されており，商品やサービスを販売する営業部はライン部門に含まれる。
4．関税率を上げたり輸入量の制限を設けたりすることによって，輸入品が国内に入りにくい状態を作り，国内生産者を保護する措置をセーフガードという。
5．欧州連合（EU）において，国境を越えて使用されている統一通貨はユーロである。

**設問6**　次の計算問題文を読んで，解答として正しいものを選びなさい。（5点）

1．560mの距離を分速140mで歩いたときにかかる時間は何分か。

（ア）3分　　　　（イ）4分　　　　（ウ）5分　　　　（エ）6分　　　　（オ）7分

2．1個4,000円で仕入れた品物に15%の利益があるように定価をつけるといくらか。

（ア）4,060円　　（イ）4,400円　　（ウ）4,500円　　（エ）4,600円　　（オ）4,800円

3．800円でドーナツとプリンを買う。ドーナツ4個とプリン2個だと240円余り，ドーナツ7個とプリン3個だと120円足りない。プリン1個の値段はいくらか。

（ア）90円　　　（イ）100円　　　（ウ）110円　　　（エ）120円　　　（オ）130円

4．16%の食塩水200gに食塩10gを加えると濃度は何%になるか。

（ア）15%　　　（イ）20%　　　（ウ）25%　　　（エ）30%　　　（オ）35%

5．同じ大きさの1辺40cmの正方形の絵6枚を横幅3m80cmの壁に等間隔で貼る。絵と絵の間や両端からの幅を同じ長さにして貼ると間隔は何cmか。

（ア）10cm　　　（イ）15cm　　　（ウ）20cm　　　（エ）25cm　　　（オ）30cm

# 第2問 【コミュニケーション】

**設問1** 次の文章は職場での言葉遣いについて述べたものである。 ☐ の中にあてはまるものを語群の中から選びなさい。（5点）

　　言葉遣いは，　1　　といわれる。職場では，　2　，職位，立場や状況に合わせて適切に敬語を使い分けることで，円滑なコミュニケーションをはかる必要がある。相手の動作や相手に属するものに敬意を表す場合は　3　，自分や身内の動作や状態をへりくだる場合は　4　，言葉や文章の言い回しを丁寧にする場合は丁寧語を用いる。敬語を正しく使いこなすことで，相手との会話も円滑に進み，相手から　5　を得ることにもつながる。

| 語　群 | ア | 信頼 | イ | 謙譲語 | ウ | 年齢 | エ | 尊敬語 | オ | 心遣い |
|---|---|---|---|---|---|---|---|---|---|---|

**設問2** 次の文は上司と話すときの言葉遣いである。適当なものにはアを，不適当なものにはイを選びなさい。（10点）

1．（課長に対して）会議が延びたようですが，昼食はいただかれましたか。
2．（店長に対して）来月の会議についてご存じですか。
3．（課長に対して）会議の前にもう一度資料を拝見しますか。
4．（店長に対して）店長のご友人がお見えになり，よろしくと申しておりました。
5．（部長に対して）部長がお手すきでしたら課長がおいでになりたいと言われています。

**設問3** 次の文は報告の仕方について述べたものである。適当なものにはアを，不適当なものにはイを選びなさい。（10点）

1．仕事が終わったらすみやかに報告する。
2．状況に応じて中間報告をする。
3．悪い知らせやマイナス情報は，最後に報告する。
4．簡潔に，「経過→理由→結論」の順に報告する。
5．指示・命令を出した人の上司に報告する。

4

設問4　次の文は社内文書の種類と目的について述べたものである。もっとも不適当と思われるものを一つ選びなさい。（2点）

　ア．連絡文書とは，業務の必要事項や業務の実施手順などを連絡する文書である。

　イ．稟議書とは，会議が中止になったときに回覧する文書である。

　ウ．通知書とは，人事異動など，上層部が決定した指示や命令などを伝える文書である。

　エ．議事録とは，会議の全容・結論・経過・検討した事項などを記録する文書である。

　オ．提案書とは，会議の議案・企画・意見などを提出する文書である。

設問5　次の文は社内文書を作成するときのポイントについて述べたものである。もっとも適当と思われるものを一つ選びなさい。（2点）

　ア．発信日付は，月日のみでよい。

　イ．受信者名は，役職と氏名を必ず表記する。

　ウ．件名は，文書の内容を要領よくまとめたものにする。

　エ．本文は，文書内容を分かりやすくするために物語調にする。

　オ．担当者名は，発信者名と必ず同じにする。

設問6　次の文は上司との良好な関係を築くために部下として心がけていることである。もっとも適当と思われるものを一つ選びなさい。（2点）

　ア．上司の立場を理解して協力と支援の姿勢をもつ。

　イ．上司から指導されたときは，記憶力に自信があればメモはとらなくてもよい。

　ウ．上司の指示で判断に迷うことがあれば，自己判断で対応する。

　エ．仕事の進捗状況を上司が把握しやすいように，上司が忙しくても自分の都合を優先して報告する。

　オ．上司から面倒な仕事を頼まれたときは，丁寧に断る。

5

# 第3問 【ビジネスマナー】

**設問1**　次の文は電話応対について述べたものである。適当なものにはアを，不適当なものにはイを
　　　　選びなさい。（5点）

1．相手の会社名・名前を復唱確認することで，聞き間違いを防ぐようにしている。
2．電話が鳴ったら，すぐには取らず，落ち着いて3コール目で取るようにしている。
3．内線電話と外線電話が同時に鳴ったときは，先に内線電話を取るようにしている。
4．昼過ぎまでの電話は名乗る前に「おはようございます」と言って出ている。
5．態度や表情も電話を通して相手に伝わるため，丁寧に感じよく話すようにしている。

**設問2**　次の文は職場のマナーについて述べたものである。適当なものにはアを，不適当なものには
　　　　イを選びなさい。（5点）

1．出社したときは，パソコンの電源を入れて受信メールの確認をしている。
2．業務に必要なファイルや備品は，点検し，必要なものがあれば補充している。
3．同僚が外出中，書類が机の上に出されたままになっていたときは，同僚のロッカーの中に入れ
　　ておくようにしている。
4．上司に資料を提出するときは，書類のサイズを統一し，クリップで留めて渡している。
5．機密文書をコピーするときは，必要枚数より二，三枚余分にコピーしている。

**設問3**　次の文は来客応対について述べたものである。適当なものにはアを，不適当なものにはイを
　　　　選びなさい。（10点）

1．業務中に客が来社したときは，座ったままで応対するようにしている。
2．来客から名刺を受け取るときは，両手で胸の高さで受け取るようにする。
3．転勤や年末年始の挨拶などの儀礼的訪問は，予約がなくても短時間で済むため，できるだけ担
　　当者に取り次ぐようにする。
4．廊下を案内するときは，来客の二，三歩斜め前を歩くようにする。
5．応接室では，入口から一番近い位置にある席を勧めるようにする。

6

設問4　次の弔事に関する説明について，適当なものを語群の中から選びなさい。（10点）

1．遺族の代表者または儀式の主催者
2．会社が運営を執り行う葬儀
3．遺族や親しい人が集まり故人と一夜を過ごす儀式
4．故人の遺族と近親者だけで執り行う別れの儀式
5．悔やみの気持ちを伝える電報

| 語群 | ア | 通夜 | イ | 葬儀 | ウ | 社葬 | エ | 弔電 | オ | 喪主 |
|---|---|---|---|---|---|---|---|---|---|---|

設問5　次の文は郵便物の取り扱いについて述べたものである。もっとも不適当と思われるものを一つ選びなさい。（2点）

ア．会社に届いた郵便物は部署ごとに分類し，すべて開封して担当者に渡している。
イ．会社に「書留」が届いたときは，受付で印鑑を押印して受け取るようにしている。
ウ．「DM（ダイレクトメール）」は，業務に関係のないものは破棄している。
エ．送付物は一般的に会社名が印刷されている社用封筒を使用している。
オ．書き損じた郵便はがきなどは，手数料を払って新しいものに交換するようにしている。

設問6　次の図はタクシーのイラストである。上司，先輩と一緒にタクシーに乗るとき，それぞれどの席を勧め，自分はどこに座るのがよいか。もっとも適当と思われるものを一つ選びなさい。（2点）

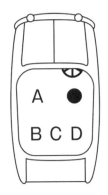

ア．上司⇒A　先輩⇒B　自分⇒D
イ．上司⇒C　先輩⇒B　自分⇒D
ウ．上司⇒D　先輩⇒A　自分⇒B
エ．上司⇒D　先輩⇒B　自分⇒A
オ．上司⇒A　先輩⇒D　自分⇒B

7

受験番号 ｜｜｜｜｜｜

# 第48回社会人常識マナー検定試験
## 問 題 用 紙

# 3 級

（令和5年1月21日施行）

## 問題用紙は回収します。持ち帰り厳禁です。

## 注　意

- **試験開始の合図があるまで，問題用紙は開かないでください。**
- 試験問題1部と解答用マークシート1枚があります。
- 試験問題は，全部で7ページです。
- 試験問題と解答用マークシートを，試験担当者の指示にしたがって確認してください。ページ不足や違いがある人は，試験担当者まで申し出てください。
- この試験の制限時間は1時間です。
- 解答は，問題の指示にしたがい，すべて解答用マークシートの指定の位置をマークしてください。
- 解答用マークシートの所定の位置に，試験会場，氏名，学校コード，受験番号を必ず記入してください。また，受験級，学校コード，受験番号は，該当する位置を正しくマークしてください。記入漏れやマーク漏れがある場合には，採点の対象とならない場合があります。
- マークは，HBもしくはBの黒鉛筆または黒シャープペンを使用してください。訂正する場合は，プラスチック消しゴムでよく消してください。
- 解答用マークシートの所定の欄以外には，何も記入しないでください。また，折り曲げたり，汚したりしないでください。
- 解答は次の例題にならって，解答マーク欄をマークしてください。

  例題　大阪府より面積の狭い都道府県はどこか。正しいものを選びなさい。
  （ア）東京都　　（イ）神奈川県　　（ウ）沖縄県　　（エ）香川県　　（オ）佐賀県
  正しい答は（エ）香川県　ですから，次のようにマークしてください。

  記入例　　ア　　イ　　ウ　　■　　オ

- **計算問題は計算用具（電卓）を使用しなくても解ける内容なので，計算用具（電卓）は使用できません。**
- 印刷の汚れや乱丁，筆記用具の不具合等で必要のある場合は，手をあげて試験担当者に合図してください。

主　催　　公益社団法人　全国経理教育協会
後援　文　部　科　学　省

# 第1問　【社会常識】

**設問1**　次の言葉と同じ意味を持つものを選びなさい。（5点）

1．成就　　（ア）成人　　（イ）達者　　（ウ）達成　　（エ）発達　　（オ）発展
2．便利　　（ア）重量　　（イ）重宝　　（ウ）利害　　（エ）利権　　（オ）交通
3．関与　　（ア）連絡　　（イ）介入　　（ウ）関数　　（エ）関心　　（オ）与信
4．忍耐　　（ア）我慢　　（イ）忍術　　（ウ）耐火　　（エ）厳重　　（オ）厳格
5．負債　　（ア）収入　　（イ）借金　　（ウ）資本　　（エ）歳入　　（オ）勝負

**設問2**　次の言葉と反対の意味を持つものを選びなさい。（5点）

1．偉人　　（ア）貴人　　（イ）奇人　　（ウ）凡人　　（エ）変人　　（オ）悪人
2．開放　　（ア）開店　　（イ）閉店　　（ウ）放置　　（エ）閉鎖　　（オ）放任
3．被害　　（ア）損害　　（イ）被告　　（ウ）損傷　　（エ）薬害　　（オ）加害
4．干渉　　（ア）放任　　（イ）放棄　　（ウ）交渉　　（エ）渉外　　（オ）任命
5．供給　　（ア）提供　　（イ）需要　　（ウ）供与　　（エ）必死　　（オ）要因

**設問3**　次の文が説明する都道府県はどこか。正しいものを選びなさい。（5点）

1．特産品のぶどうや，武田信玄の出身地として有名
　　（ア）秋田　　　（イ）千葉　　（ウ）山梨　　　（エ）兵庫　　　（オ）鳥取
2．特産品のりんごや，ねぶた祭で有名
　　（ア）北海道　　（イ）青森　　（ウ）長野　　　（エ）愛媛　　　（オ）福岡
3．特産品の松阪牛や，伊勢志摩などの観光地で有名
　　（ア）宮城　　　（イ）静岡　　（ウ）三重　　　（エ）滋賀　　　（オ）高知
4．特産品の備前焼や，倉敷などの観光地で有名
　　（ア）岩手　　　（イ）新潟　　（ウ）和歌山　　（エ）岡山　　　（オ）大分
5．特産品の焼酎や，西郷隆盛の出身地として有名
　　（ア）群馬　　　（イ）石川　　（ウ）京都　　　（エ）山口　　　（オ）鹿児島

1

**設問4** 次のカタカナ用語の意味を正しく示す言葉を選びなさい。（5点）

1．リレーション
　　（ア）運動　　　　　（イ）走力　　　　　（ウ）信頼　　　　　（エ）関係　　　　　（オ）協力

2．モラル
　　（ア）社会　　　　　（イ）道徳　　　　　（ウ）信用　　　　　（エ）情報　　　　　（オ）道路

3．エンドレス
　　（ア）無限　　　　　（イ）一生　　　　　（ウ）未定　　　　　（エ）終了　　　　　（オ）完了

4．ユニット
　　（ア）部屋　　　　　（イ）浴室　　　　　（ウ）取引　　　　　（エ）単位　　　　　（オ）端子

5．ディスプレー
　　（ア）商品　　　　　（イ）展示　　　　　（ウ）機器　　　　　（エ）機械　　　　　（オ）椅子

**設問5** 次の文を読んで正しいものにはアを，誤っているものにはイを選びなさい。（10点）

1．日本の安全を守る陸上自衛隊・海上自衛隊・航空自衛隊を管轄する中央省庁は，国土交通省である。

2．国家資格とは，国や国から委託を受けた機関が実施し，知識や技術が一定水準以上にあることを国が認定する資格のことである。

3．企業の四大経営資源とは，ヒト・モノ・カネ・顧客のことをいう。

4．ＰＬ（Product Liability）法と呼ばれる製造物責任法は，製品の欠陥によって消費者が生命・身体・財産に被害を受けた場合に，製造者がその損害を賠償する責任があることを定めたものである。

5．ＢＲＩＣＳとは，人口や国土などの資源を持つ新興国で，経済成長も著しいことから注目されているＢ（ブラジル）・Ｒ（ロシア）・Ｉ（インド）・Ｃ（中国）・Ｓ（南アフリカ）の5カ国を指している。

**設問6**　次の計算問題文を読んで，解答として正しいものを選びなさい。（5点）

1．36個のリンゴを1皿に4個ずつのせた。リンゴをのせてない皿は，まだ5枚ある。皿は全部で何枚か。

　　（ア）10枚　　　　（イ）11枚　　　　（ウ）12枚　　　　（エ）13枚　　　　（オ）14枚


2．重さ12kgの板の長さをはかったら4mであった。この板1mの重さは何kgか。

　　（ア）3kg　　　　（イ）4kg　　　　（ウ）5kg　　　　（エ）6kg　　　　（オ）7kg


3．サイクリングで午前6時に出発して午前9時に目的地に着いた。自転車の時速を12kmとすると出発地から目的地までの距離は何kmか。

　　（ア）24km　　　　（イ）30km　　　　（ウ）32km　　　　（エ）36km　　　　（オ）40km


4．120gの水に食塩30gを溶かして食塩水を作った。食塩水の濃度は何%か。

　　（ア）15%　　　　（イ）20%　　　　（ウ）25%　　　　（エ）30%　　　　（オ）35%


5．定価3,800円の靴を25%引きで買った。靴の代金はいくらか。

　　（ア）2,500円　　　　（イ）2,750円　　　　（ウ）2,850円　　　　（エ）2,950円　　　　（オ）3,000円

# 第2問 【コミュニケーション】

**設問1** 次の文は職場での報告のポイントについて述べたものである。 □ の中にあてはまるものを語群の中から選びなさい。（5点）

「仕事は指示・命令に始まり報告に終わる」といわれる。報告のポイントは，指示・命令を出した □1 に，仕事が終わったらすみやかに報告することである。悪い知らせやマイナス情報ほど □2 報告し，長期間に渡る仕事の際は状況に応じて □3 報告をする。また，報告の順序は，まず □4 を述べ，次に理由，最後に経過を述べる。相手の状況によって □5 を見極めて報告するようにする。

| 語 群 | ア | 結論 | イ | 本人 | ウ | タイミング | エ | 早く | オ | 中間 |
|---|---|---|---|---|---|---|---|---|---|---|

**設問2** 次の文は上司と話すときの言葉遣いである。適当なものにはアを，不適当なものにはイを選びなさい。（10点）

1．（店長に対して）店長，打ち合わせには資料を持ってきてください。
2．（課長に対して）ご予約のお客様が見えられたので，応接室に案内しました。
3．（課長に対して）課長，ご報告することを失念いたしておりました。
4．（店長に対して）先日は店長会議への出席ご苦労様でした。
5．（課長に対して）そちらの件については，課長はご存じですか。

**設問3** 次の文は良い人間関係のためのコミュニケーションについて述べたものである。適当なものにはアを，不適当なものにはイを選びなさい。（10点）

1．話をするときや聞くときは，アイコンタクトをとる。
2．挨拶は，相手が気づかなければしなくてもよい。
3．挨拶をするときは，苦手な人には笑顔を見せないようにする。
4．話を聞くときは，うなずいたりあいづちを打ったりする。
5．退社するときは，周りの人が仕事をしていれば，声をかけずに帰るようにする。

設問4　次の文は社内文書作成のポイントである。もっとも不適当と思われるものを一つ選びなさい。

（2点）

ア．原則として横書きで書く。

イ．一般的に「です」「ます」体で書く。

ウ．頭語や時候の挨拶などの前文を書く。

エ．受信者名，発信者名は職名のみでよい。

オ．本文は，できるだけ箇条書きにする。

設問5　次の文の下線の言葉の使い方について，もっとも不適当と思われるものを一つ選びなさい。

（2点）

ア．「会議には課長を<u>はじめ</u>7名が出席する」とは，課長を入れて全員で7名ということである。

イ．「新製品の発表は4月1日<u>以降</u>になる」とは，4月1日を含まず，それより後の日ということである。

ウ．「イベントの参加者は100名を<u>超える</u>」とは，100名は含まず，それより多いということである。

エ．「会議には部長<u>以上</u>が出席する」とは，部長を含む上位者ということである。

オ．「会議には支店長<u>ほか</u>2名が参加する」とは，支店長のほかに2名，全員で3名ということである。

設問6　次の文中の「　」内は社内文書の宛名である。もっとも不適当と思われるものを一つ選びなさい。（2点）

ア．提案書を営業課の品川さんあてに作成するとき「営業課　品川様」とする。

イ．通知書を社員全員あてに作成するとき「社員各位」とする。

ウ．企画書を営業課長あてに作成するとき「営業課長殿」とする。

エ．案内状を大阪支店あてに作成するとき「大阪支店御一同様」とする。

オ．連絡文書を同じ部署の目黒さんあてに作成するとき「目黒様」とする。

# 第3問 【ビジネスマナー】

**設問1**　次の文は来客応対について述べたものである。適当なものにはアを，不適当なものにはイを選びなさい。（5点）

1．来客の服装や外見を瞬時に判断し，態度を変えるようにする。
2．初めて来訪する客からは，名刺をもらうようにする。
3．よく来社する顔なじみの来客であっても，毎回会社名と氏名，用件を確認するようにする。
4．予約の時間通りに来社した客には，「お待ちいたしておりました」と伝え応接室に案内するようにする。
5．前の面談が長引いているとき，名指し人には客の来訪をメモで知らせるようにする。

**設問2**　次の文は上司が外出中に受けた電話の伝言メモについて述べたものである。適当なものにはアを，不適当なものにはイを選びなさい。（5点）

1．相手の名前は，漢字が分からなかったので，カタカナで書いた。
2．伝言の内容は，簡潔に用件を書くようにした。
3．相手の連絡先は聞いたが書かなかった。
4．電話の様子が分かるように，電話を受けた印象や自分の感想も書くようにした。
5．電話を受けた年月日や場所も書くようにした。

**設問3**　次の文は職場のマナーやルールについて述べたものである。適当なものにはアを，不適当なものにはイを選びなさい。（10点）

1．20分以上離席するときは，上司や同僚に一言伝えるようにしている。
2．業務中に上司がそばに来て話しかけてきたときは，手を止めて座った状態で聞くようにしている。
3．エレベーターでは，周囲の人が利用階のボタンを押しやすいように操作盤の前に立たないようにしている。
4．取引先へ行くときは，行動予定表に「外出」と書き，行き先と帰社時刻も書くようにしている。
5．パソコンを開くパスワードは，すぐに分かるようにメモしてパソコンに貼り付けておくようにしている。

6

**設問4**　次の郵便について，関連のあるものを語群の中から選びなさい。（10点）

1．広告を目的とした郵便

2．本やカタログなどを割安で送付できる郵便

3．荷物や小包などの重さや大きさが普通郵便の規定を超える郵便

4．受け取った人が料金を支払う郵便

5．貴重品を送るときに利用する郵便

| 語　群 | ア | DM | イ | 料金受取人払 | ウ | ゆうパック | エ | 一般書留 | オ | ゆうメール |
|---|---|---|---|---|---|---|---|---|---|---|

**設問5**　次は入院した同僚を，課を代表して見舞う際のマナーについて述べたものである。もっとも不適当と思われるものを一つ選びなさい。（2点）

ア．見舞いは，本人や家族の状況や意向を確認してから行く。

イ．同僚からお金を集めて現金を贈る準備をする。

ウ．見舞いの花は，長く楽しめるように鉢植えを準備する。

エ．服装は，普段職場で着ている落ち着いた色のシンプルな服にする。

オ．病人が疲れないように，見舞いは長居を避け10分程度にする。

**設問6**　次の書類のとじ方について，もっとも適当と思われるものを一つ選びなさい。（2点）

ア．縦書き文書　　　　　　　イ．縦書き文書

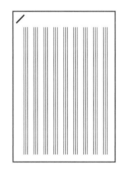
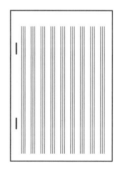

ウ．横書き文書　　　　　　エ．横書き文書　　　　　　オ．横書き文書

7

受験番号

# 第50回社会人常識マナー検定試験
## 問 題 用 紙

# 3 級

（令和5年6月3日施行）

## 問題用紙は回収します。持ち帰り厳禁です。

### 注 意

- **試験開始の合図があるまで，問題用紙は開かないでください。**
- 試験問題1部と解答用マークシート1枚があります。
- 試験問題は，全部で7ページです。
- 試験問題と解答用マークシートを，試験担当者の指示にしたがって確認してください。ページ不足や違いがある人は，試験担当者まで申し出てください。
- この試験の制限時間は1時間です。
- 解答は，問題の指示にしたがい，すべて解答用マークシートの指定の位置をマークしてください。
- 解答用マークシートの所定の位置に，試験会場，氏名，学校コード，受験番号を必ず記入してください。また，受験級，学校コード，受験番号は，該当する位置を正しくマークしてください。記入漏れやマーク漏れがある場合には，採点の対象とならない場合があります。
- マークは，HBもしくはBの黒鉛筆または黒シャープペンを使用してください。訂正する場合は，プラスチック消しゴムでよく消してください。
- 解答用マークシートの所定の欄以外には，何も記入しないでください。また，折り曲げたり，汚したりしないでください。
- 解答は次の例題にならって，解答マーク欄をマークしてください。
   例題　大阪府より面積の狭い都道府県はどこか。正しいものを選びなさい。
   （ア）東京都　　（イ）神奈川県　　（ウ）沖縄県　　（エ）香川県　　（オ）佐賀県
   正しい答は（エ）香川県　ですから，次のようにマークしてください。

   記入例　　　ア　　　イ　　　ウ　　　■　　　オ

- **計算問題は計算用具（電卓）を使用しなくても解ける内容なので，計算用具（電卓）は使用できません。**
- 印刷の汚れや乱丁，筆記用具の不具合等で必要のある場合は，手をあげて試験担当者に合図してください。

主　催　公益社団法人　全国経理教育協会
後　援　文　部　科　学　省

# 第1問 【社会常識】

**設問1** 次の言葉と同じ意味を持つものを選びなさい。（5点）

1．冷淡　　（ア）待遇　　　（イ）薄利　　　（ウ）薄情　　　（エ）温情　　　（オ）同情
2．貢献　　（ア）同意　　　（イ）同調　　　（ウ）寄生　　　（エ）寄与　　　（オ）献立
3．模範　　（ア）模型　　　（イ）模擬　　　（ウ）本質　　　（エ）類似　　　（オ）手本
4．了解　　（ア）解答　　　（イ）要因　　　（ウ）納得　　　（エ）解説　　　（オ）損得
5．骨子　　（ア）要点　　　（イ）起点　　　（ウ）内容　　　（エ）骨盤　　　（オ）詳細


**設問2** 次の言葉と反対の意味を持つものを選びなさい。（5点）

1．自然　　（ア）天然　　　（イ）人工　　　（ウ）人口　　　（エ）故意　　　（オ）環境
2．自由　　（ア）束縛　　　（イ）放任　　　（ウ）放置　　　（エ）規則　　　（オ）理由
3．師匠　　（ア）師範　　　（イ）親子　　　（ウ）弟子　　　（エ）先輩　　　（オ）後輩
4．可決　　（ア）決心　　　（イ）採決　　　（ウ）議決　　　（エ）否決　　　（オ）可否
5．寒冷　　（ア）冷遇　　　（イ）温室　　　（ウ）夏日　　　（エ）温暖　　　（オ）暖炉


**設問3** 次の県庁所在地のある都道府県はどこか。正しいものを選びなさい。（5点）

1．神戸
　　（ア）大分　　　（イ）高知　　　（ウ）兵庫　　　（エ）茨城　　　（オ）青森
2．前橋
　　（ア）島根　　　（イ）愛知　　　（ウ）長野　　　（エ）群馬　　　（オ）鹿児島
3．高松
　　（ア）山形　　　（イ）栃木　　　（ウ）山梨　　　（エ）香川　　　（オ）熊本
4．仙台
　　（ア）佐賀　　　（イ）愛媛　　　（ウ）滋賀　　　（エ）北海道　　　（オ）宮城
5．津
　　（ア）福岡　　　（イ）岡山　　　（ウ）三重　　　（エ）石川　　　（オ）岩手

1

**設問4**　次のカタカナ用語の意味を正しく示す言葉を選びなさい。（5点）

1．ロジカル
    （ア）手頃な　　　　（イ）柔軟な　　　　（ウ）神経質な　　　　（エ）論理的な　　　　（オ）日常的な
2．オプション
    （ア）選択　　　　　（イ）出力　　　　　（ウ）調整　　　　　　（エ）概要　　　　　　（オ）要約
3．ガイドライン
    （ア）観光　　　　　（イ）案内　　　　　（ウ）一致　　　　　　（エ）私信　　　　　　（オ）指針
4．ジェネレーション
    （ア）性別　　　　　（イ）世代　　　　　（ウ）薬品　　　　　　（エ）関係　　　　　　（オ）若者
5．アシスト
    （ア）合計　　　　　（イ）通訳　　　　　（ウ）援助　　　　　　（エ）翻訳　　　　　　（オ）自力


**設問5**　次の文を読んで正しいものにはアを，誤っているものにはイを選びなさい。（10点）

1．ユーロは，欧州連合（EU）において国境を越えて使用されている統一通貨である。
2．経済の自由化や国際化が加速する中で，各国共通のルールやシステムなどの標準的な基準をグローバルスタンダードという。
3．個人情報保護法は，個人を特定できる氏名・住所・電話番号などの情報について，不特定の第三者に流失しないよう適切な取り扱いを，個人にのみ義務付けた法律である。
4．目標を持って仕事に取り組むことは非常に重要で，設定する際には，納期が明確に設定されていること，具体的な表現になっていること，そして達成可能なレベルのものであることが大切な条件である。
5．仕事を遂行する上で必要なスキルの一つとして，業務に関する特別な知識や深い経験などから身に付けるスキルをコンセプチュアルスキルという。

2

**設問6**　次の計算問題文を読んで，解答として正しいものを選びなさい。（5点）

1．定価1,800円の商品を1,260円で買った。値引き額は定価の何%か。

　　　　（ア）15%　　　　（イ）20%　　　　（ウ）25%　　　　（エ）30%　　　　（オ）35%

2．60枚のコピー用紙の重さをはかると150gあった。このコピー用紙を一部取り出してはかったところ40gだった。このコピー用紙は何枚か。

　　　　（ア）12枚　　　　（イ）13枚　　　　（ウ）14枚　　　　（エ）15枚　　　　（オ）16枚

3．大塚さんは家から分速60mで8分歩いて図書館に行った。帰りは10分で家に着いた。このときの分速は何mか。

　　　　（ア）46m　　　　（イ）48m　　　　（ウ）50m　　　　（エ）52m　　　　（オ）64m

4．10%の食塩水50gに，8%の食塩水150gを混ぜた。この食塩水に溶けている食塩の量は何gか。

　　　　（ア）15g　　　　（イ）17g　　　　（ウ）20g　　　　（エ）22g　　　　（オ）25g

5．1,400円で仕入れた商品に1割5分のもうけがあるように定価をつけるといくらか。

　　　　（ア）1,550円　　　　（イ）1,570円　　　　（ウ）1,600円　　　　（エ）1,610円　　　　（オ）1,640円

# 第2問 【コミュニケーション】

**設問1** 次の文章は職場での身だしなみについて述べたものである。 ☐ の中にあてはまるものを語群の中から選びなさい。（5点）

　　社会人は自分の立場だけではなく，一人ひとりが会社の ☐1☐ としてふさわしい身だしなみに気を配らなければならない。身だしなみとは，服装だけではなく言葉や ☐2☐ も含むものである。相手に不快な印象を与えないように，身なりを整えて礼儀作法をわきまえることが大切である。身だしなみのポイントは，襟元や袖口などの汚れがないように ☐3☐ があること，ビジネスにふさわしく ☐4☐ で動きやすいこと，周囲と ☐5☐ した服装を心がけること，などが挙げられる。

| 語 群 | ア | 清潔感 | イ | 態度 | ウ | 機能的 | エ | 調和 | オ | 代表 |
|---|---|---|---|---|---|---|---|---|---|---|

**設問2** 次の文は上司と話すときの言葉遣いである。適当なものにはアを，不適当なものにはイを選びなさい。（10点）

1．（課長に対して）部長が会議の資料を拝借したいとのことです。
2．（店長に対して）新商品試食会では，何を召し上がりましたか。
3．（課長に対して）会議の前にもう一度資料を拝見しますか。
4．（店長に対して）会議の資料は，持参なさいますか。
5．（部長に対して）ご予約のお客様がお見えになりましたので，応接室にご案内いたしました。

**設問3** 次の文は社内文書について述べたものである。適当なものにはアを，不適当なものにはイを選びなさい。（10点）

1．文書番号は重要であるため必ず書く。
2．要点はできるだけ箇条書きにする。
3．発信者名と担当者名は必ず同じ人の名前を書く。
4．一般的に「です」「ます」体で書く。
5．頭語や時候の挨拶などの前文を書く。

**設問4**　次の文はグラフ作成のポイントについて述べたものである。もっとも不適当と思われるものを一つ選びなさい。（2点）

　　ア．グラフには標題をつける。
　　イ．数量や時間など，単位の明記を忘れない。
　　ウ．引用資料の出所（調査機関名，調査時期など）を書く。
　　エ．円グラフの項目は，比率の小さい順に，基線から時計回りで記入する。
　　オ．基底を0にして，縦軸の数値が開きが大きすぎるところは中断記号を使う。

**設問5**　次の文は相手を理解するための傾聴のポイントについて述べたものである。もっとも不適当と思われるものを一つ選びなさい。（2点）

　　ア．相手の目を見て「そうそう」「なるほど」など同意をする。
　　イ．会話に含まれるキーワードを繰り返す「オウム返し」はしないほうがよい。
　　ウ．話を先に進めるように「それから」「どうなったのですか」など展開を聞く。
　　エ．相手の気持ちによりそい「それは大変でしたね」「それはよかったですね」など共感する。
　　オ．要点を押さえ「それは～ということですね」と確認する。

**設問6**　次の文はビジネスでの連絡の仕方について述べたものである。もっとも不適当と思われるものを一つ選びなさい。（2点）

　　ア．情報の伝達漏れや連絡ミスを防ぐために，連絡内容のメモを取っておく。
　　イ．相手が集中して聞けるように，連絡の目的や所要時間を前もって伝える。
　　ウ．ポイントが伝わりやすいように，相手が聞きたいことや結論は最後に伝える。
　　エ．相手がメモをとりやすく，理解しやすいように，要点を整理して話す。
　　オ．相手が復唱しないときは，自分がポイントを繰り返し伝える。

# 第3問 【ビジネスマナー】

**設問1** 次の文は取引先から上司あてに掛かってきた電話応対について述べたものである。適当なものにはアを，不適当なものにはイを選びなさい。（5点）

1．上司が電話中のときは，伝言を預かるようにしている。
2．上司が離席しているときは，改めて連絡してもらうように伝えている。
3．上司が外出中に相手から急用と言われたときは，私用の携帯電話の番号を知らせている。
4．上司が面談中，急ぎの電話が掛かってきたときは，上司にその旨をメモで知らせるようにしている。
5．上司が休みのときは，休みの理由と出社予定日を伝えている。


**設問2** 次の文は職場のマナーについて述べたものである。適当なものにはアを，不適当なものにはイを選びなさい。（5点）

1．出社は，始業時間ちょうどに着くようにしている。
2．雑談や私用の電話は，給湯室などで行うようにしている。
3．交通機関の乱れにより遅刻しそうなときは，仲のよい同僚に連絡するようにしている。
4．書類を渡すときは，両手で相手が読みやすい方向に向けて渡している。
5．一日の始めに，その日の業務を確認するようにしている。


**設問3** 次の文は来客応対について述べたものである。適当なものにはアを，不適当なものにはイを選びなさい。（10点）

1．お茶は，予約客が到着する前に事前に応接室に出しておく。
2．予約客には会社名と名前を聞くが，用件は聞かないようにしている。
3．予約客が時間通りに来訪したときは，「お待ちしておりました」と伝え応接室に案内している。
4．予約客が遅れて来社したときは，理由を確認してから取り次ぐようにしている。
5．来客が帰るときは，立ち上がって見送るようにしている。

6

**設問4**　次の物の数え方についてあてはまるものを語群の中から選びなさい。（10点）

1．湯飲み
2．書類
3．椅子
4．箸
5．新聞の種類

| 語　群 | ア | 客 | イ | 部 | ウ | 膳 | エ | 紙 | オ | 脚 |
|---|---|---|---|---|---|---|---|---|---|---|

**設問5**　次は郵便物の取り扱いについて述べたものである。もっとも不適当と思われるものを一つ選びなさい。（2点）

ア．あて名本人に開封してもらいたいときは，「親展」と書いて送るようにしている。

イ．請求書を送るときは，「請求書在中」と書いて送るようにしている。

ウ．往復はがきの返信のあて名は，個人名の下に書いてある「行」の文字を二重線で消し「御中」と書いて送るようにしている。

エ．速達で送るときは，速達料金を加算した切手を貼り，封筒の上辺に赤い線を引いて送るようにしている。

オ．封筒の封入口は糊付けし，合わせ目に「封」と書いて送るようにしている。

**設問6**　次の不祝儀袋の説明について，もっとも不適当と思われるものを一つ選びなさい。（2点）

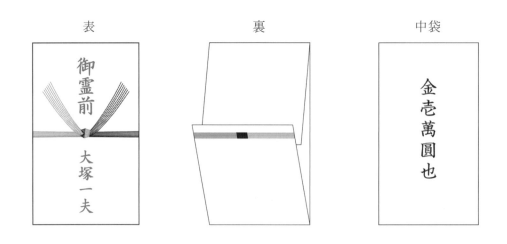

表　　　　　裏　　　　　中袋

ア．上書きは，宗教が分からないため「御霊前」にした。

イ．水引は「結び切り」にした。

ウ．表書きは薄い墨で書いた。

エ．現金は中袋に入れた。

オ．外側の折り返しの重なりは，上向きにした。

7

受験番号 ｜ ｜ ｜ ｜ ｜ ｜

# 第52回社会人常識マナー検定試験
## 問　題　用　紙

# 3 級

（令和5年9月23日施行）

## 問題用紙は回収します。持ち帰り厳禁です。

## 注　　意

- **試験開始の合図があるまで，問題用紙は開かないでください。**
- 試験問題1部と解答用マークシート1枚があります。
- 試験問題は，全部で7ページです。
- 試験問題と解答用マークシートを，試験担当者の指示にしたがって確認してください。
  ページ不足や違いがある人は，試験担当者まで申し出てください。
- この試験の制限時間は1時間です。
- 解答は，問題の指示にしたがい，すべて解答用マークシートの指定の位置をマークしてください。
- 解答用マークシートの所定の位置に，試験会場，氏名，学校コード，受験番号を必ず記入してください。また，受験級，学校コード，受験番号は，該当する位置を正しくマークしてください。記入漏れやマーク漏れがある場合には，採点の対象とならない場合があります。
- マークは，HBもしくはBの黒鉛筆または黒シャープペンを使用してください。訂正する場合は，プラスチック消しゴムでよく消してください。
- 解答用マークシートの所定の欄以外には，何も記入しないでください。また，折り曲げたり，汚したりしないでください。
- 解答は次の例題にならって，解答マーク欄をマークしてください。
    例題　大阪府より面積の狭い都道府県はどこか。正しいものを選びなさい。
    （ア）東京都　　（イ）神奈川県　　（ウ）沖縄県　　（エ）香川県　　（オ）佐賀県
    正しい答は（エ）香川県　ですから，次のようにマークしてください。

    記入例　　　（ア）　　（イ）　　（ウ）　　■　　（オ）

- **計算問題は計算用具（電卓）を使用しなくても解ける内容なので，計算用具（電卓）は使用できません。**
- 印刷の汚れや乱丁，筆記用具の不具合等で必要のある場合は，手をあげて試験担当者に合図してください。

主　催　　公益社団法人　全国経理教育協会
後　援　文　部　科　学　省

# 第1問 【社会常識】

**設問1** 次の言葉と同じ意味を持つものを選びなさい。（5点）

1．道徳　　（ア）徳用　　　（イ）倫理　　　（ウ）道路　　　（エ）理性　　　（オ）美徳
2．力量　　（ア）力作　　　（イ）重力　　　（ウ）重要　　　（エ）手腕　　　（オ）強力
3．突然　　（ア）突起　　　（イ）不意　　　（ウ）突出　　　（エ）自然　　　（オ）全然
4．残念　　（ア）念力　　　（イ）念書　　　（ウ）遺作　　　（エ）震撼　　　（オ）遺憾
5．意欲　　（ア）概要　　　（イ）目的　　　（ウ）概略　　　（エ）気概　　　（オ）概念

**設問2** 次の言葉と反対の意味を持つものを選びなさい。（5点）

1．優遇　　（ア）偶数　　　（イ）優秀　　　（ウ）優劣　　　（エ）冷蔵　　　（オ）冷遇
2．支援　　（ア）妨害　　　（イ）防御　　　（ウ）援助　　　（エ）応援　　　（オ）支持
3．軟弱　　（ア）柔軟　　　（イ）強固　　　（ウ）強烈　　　（エ）重厚　　　（オ）強弱
4．不備　　（ア）備蓄　　　（イ）備品　　　（ウ）完勝　　　（エ）完了　　　（オ）完備
5．豊富　　（ア）欠陥　　　（イ）欠乏　　　（ウ）豊作　　　（エ）小額　　　（オ）欠損

**設問3** 次の文が説明する都道府県はどこか。正しいものを選びなさい。（5点）

1．県庁所在地は松江市である
　　（ア）愛媛　　　（イ）長崎　　　（ウ）島根　　　（エ）青森　　　（オ）茨城
2．県庁所在地は大津市である
　　（ア）長野　　　（イ）岩手　　　（ウ）滋賀　　　（エ）大分　　　（オ）神奈川
3．能登半島や兼六園などの観光地や九谷焼でも有名である
　　（ア）石川　　　（イ）兵庫　　　（ウ）熊本　　　（エ）秋田　　　（オ）山口
4．清水寺や金閣寺などの観光地や祇園祭でも有名である
　　（ア）大阪　　　（イ）京都　　　（ウ）宮城　　　（エ）佐賀　　　（オ）沖縄
5．世界遺産の富岡製糸場の他，赤城山や草津温泉などの観光地でも有名である
　　（ア）鹿児島　　（イ）高知　　　（ウ）富山　　　（エ）鳥取　　　（オ）群馬

1

**設問4** 次のカタカナ用語の意味を正しく示す言葉を選びなさい。（5点）

1．オフィシャル
 （ア）個人の 　　　（イ）団体の 　　　（ウ）公式の 　　　（エ）海外の 　　　（オ）友人の
2．セオリー
 （ア）法則 　　　（イ）分析 　　　（ウ）主張 　　　（エ）説明 　　　（オ）理論
3．ポジティブ
 （ア）徹底的 　　　（イ）消極的 　　　（ウ）積極的 　　　（エ）論理的 　　　（オ）攻撃的
4．レスポンス
 （ア）反応 　　　（イ）手紙 　　　（ウ）救助 　　　（エ）地位 　　　（オ）用紙
5．アトランダム
 （ア）多様性 　　　（イ）限界 　　　（ウ）時間 　　　（エ）無作為 　　　（オ）無関心

**設問5** 次の文を読んで正しいものにはアを，誤っているものにはイを選びなさい。（10点）

1．ASEANとは，地域協力によって経済成長や社会・文化の発展，平和と安定などを目標とした東南アジア諸国連合の略称である。
2．インフレーションとは，物価水準が持続的に上昇を続けていくことで，一般的には好況下で起こりやすい。
3．国民総生産とは，一定期間内に一国の国内において生み出された付加価値の総計のことで，一般にはGDP（Gross Domestic Product）という呼称で使用されている。
4．日本銀行は日本の中央銀行であり，政府資金を出納するため「政府の銀行」や，民間の金融機関へ貸し付けを行うため「銀行の銀行」などと呼ばれている。
5．日本の経済三団体とは，日本経済団体連合会，経済同友会と東京証券取引所のことである。

2

**設問6**　次の計算問題文を読んで，解答として正しいものを選びなさい。（5点）

1．近所のコンビニエンスストアでは，本日仕入れたパン180個のうち，27個が売れ残った。売れ残ったパンは仕入れたパンの何％か。

　　（ア）15%　　　　（イ）20%　　　　（ウ）25%　　　　（エ）30%　　　　（オ）35%

2．大塚さんの所属する自治会では，大人と子供の人数の比が2：5である。大人が60人のとき，子供は何人か。

　　（ア）120人　　　（イ）130人　　　（ウ）140人　　　（エ）150人　　　（オ）160人

3．2,480mの道のりを時速2,400mで歩くと何分かかるか。

　　（ア）52分　　　　（イ）56分　　　　（ウ）60分　　　　（エ）62分　　　　（オ）64分

4．菓子を何人かの子供に分ける。一人に5個ずつ分けると3個余り，7個ずつ分けると9個不足する。子供は何人か。

　　（ア）5人　　　　（イ）6人　　　　（ウ）7人　　　　（エ）8人　　　　（オ）9人

5．定価3,800円の靴を25%引きで買ったときの値段はいくらか。

　　（ア）2,650円　　（イ）2,750円　　（ウ）2,850円　　（エ）2,950円　　（オ）3,150円

3

# 第2問 【コミュニケーション】

**設問1** 次の文章は物の受け渡しについて述べたものである。　□　の中にあてはまるものを語群の中から選びなさい。（5点）

名刺や書類などを　1　ときは，相手の　2　を見て行うようにする。できる限り　3　で胸の高さで持ち，相手から見て　4　になるように向きを変える。　1　ときは，「よろしくお願いいたします」，　5　ときは「ありがとうございます」と一言添えるようにする。

| 語群 | ア | 受け取る | イ | 目 | ウ | 正面 | エ | 両手 | オ | 渡す |
|---|---|---|---|---|---|---|---|---|---|---|

**設問2** 次の文は上司と話すときの言葉遣いである。適当なものにはアを，不適当なものにはイを選びなさい。（10点）

1．（課長に対して）遠方までご出張ご苦労さまでした。
2．（店長に対して）店長が朝礼でおっしゃった防災対策は文書にまとめておきます。
3．（課長に対して）課長が昨日出席いたした会議の議事録を持ってきました。
4．（店長に対して）新商品説明会の概要についてご報告いたします。
5．（部長に対して）業界研究会には何時にいらっしゃいますか。

**設問3** 次の文は指示の受け方について述べたものである。適当なものにはアを，不適当なものにはイを選びなさい。（10点）

1．上司から呼ばれたら，「はい」とすぐに返事をする。
2．メモと筆記用具を持って，上司の席に急いで行く。
3．指示内容に不明な点があるときは，指示を受けている途中であっても，その都度聞くようにする。
4．要点の復唱・確認は，上司から言われなければ行わなくてよい。
5．指示が複数あるときは，上司に優先順位を確認する。

4

設問4　次の文は社内文書の目的について述べたものである。もっとも不適当と思われるものを一つ選びなさい。（2点）

ア．提案書は，新しい企画や意見などを提示する。

イ．稟議書は，関係者に承認や決裁を求める。

ウ．報告書は，日ごろの社員のうわさ話を詳細に記録する。

エ．議事録は，会議の全容・結論・経過・検討した事項などを記録する。

オ．通知書は，上層部が決定した指示や命令を関係者に伝える。

設問5　次の文は双方向の円滑なコミュニケーションのポイントについて述べたものである。もっとも不適当と思われるものを一つ選びなさい。（2点）

ア．声の大小・話す速度など，相手の話し方に合わせるようにする。

イ．こちらからも話しかける機会を持つようにする。

ウ．先入観にとらわれないようにし，相手の立場を理解するようにする。

エ．傾聴することを大切にして，自分の意見や考えは言わないようにする。

オ．笑顔や誠実なまなざしなど，表情と態度で相手を歓迎していることを示すようにする。

設問6　次のような状況での言葉遣いとして，もっとも適当と思われるものを一つ選びなさい。

（2点）

> 店長がスタッフと打ち合わせをしている。至急店長に確認しなければいけないことができたので，店長に声をかけた。

ア．「お邪魔いたします。ただ今よろしいでしょうか」

イ．「お打ち合わせ中，失礼いたします。ただ今よろしいでしょうか」

ウ．「お打ち合わせ中なので，今はご都合悪いかと思いますが」

エ．「重要な件がございますので，失礼させていただきます」

オ．「お仕事中，すいません。ただ今よろしいでしょうか」

# 第3問 【ビジネスマナー】

**設問1** 次の文は職場のマナーについて述べたものである。適当なものにはアを，不適当なものには
イを選びなさい。（5点）

1．執務中に上司が話しかけてきたときは，謝罪して手を止めずに聞くようにしている。
2．仕事中に分からないことがあり先輩に相談するときは，都合を確認するようにしている。
3．朝礼ではメモを取り，参加できなかった人に連絡事項を共有している。
4．クールビズの期間中は，Tシャツやサンダルなどカジュアルなものを着用している。
5．明日行う仕事の資料は，すぐに取りかかれるように机の上に広げて帰るようにしている。

**設問2** 次の文は面談予約のない来客への対応について述べたものである。適当なものにはアを，不
適当なものにはイを選びなさい。（5点）

1．公平丁寧に応対し，身なりや地位で判断しないようにしている。
2．会社名と名前は聞くが，用件は聞かないようにしている。
3．担当者が不在のときは，来客の要望を聞くようにしている。
4．紹介状のある来客は，書状の中身を確認するようにしている。
5．名刺を受け取るときは，会社名，名前の読み方を確認するようにしている。

**設問3** 次の文は電話応対の心構えと注意点について述べたものである。適当なものにはアを，不適
当なものにはイを選びなさい。（10点）

1．音声しか伝わらないため，適正な音量で一語一語はっきり丁寧に発声するようにしている。
2．迅速に対応するため，できるだけ専門用語や略語を使って話すようにしている。
3．会社を代表して対応するため，明るく大きな声で堂々と自分のペースで話すようにしている。
4．正確に対応するため，相手の会社名や名前など復唱確認するようにしている。
5．相手の様子や都合が分からないため，一方的にならないように配慮するようにしている。

6

設問4　次の弔事に関する説明について，適当なものを語群の中から選びなさい。（10点）

1．人が亡くなったという知らせ
2．故人をしのび神仏に捧げるもの
3．悔みの気持ちを伝える電報
4．遺族と親近者が集まり故人と一晩を過ごす儀式
5．故人の冥福を祈る儀式

| 語　群 | ア | 法事 | イ | 弔電 | ウ | 通夜 | エ | 訃報 | オ | 供物 |
|---|---|---|---|---|---|---|---|---|---|---|

設問5　次は郵便物の取り扱いについて述べたものである。もっとも不適当と思われるものを一つ選びなさい。（2点）

ア．封筒は糊で閉じ，合わせ目に「〆」と書いて送っている。
イ．「DM」は業務に関係のあるもの以外は破棄している。
ウ．「書留」は開封しないで担当者に渡している。
エ．写真を送るときは「写真在中」と書いて送っている。
オ．契約書は，紛失しないように「ゆうメール」で送っている。

設問6　次の図は応接室のレイアウトである。上座（一番よい席）をア〜オの中から一つ選びなさい。
（2点）

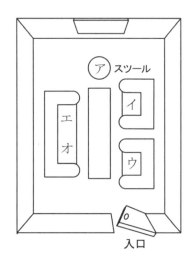

7

受験番号 | | | | | |

# 第54回社会人常識マナー検定試験
# 問 題 用 紙

# 3 級

（令和6年1月20日施行）

## 問題用紙は回収します。持ち帰り厳禁です。

### 注　意

- **試験開始の合図があるまで，問題用紙は開かないでください。**
- 試験問題1部と解答用マークシート1枚があります。
- 試験問題は，全部で7ページです。
- 試験問題と解答用マークシートを，試験担当者の指示にしたがって確認してください。ページ不足や違いがある人は，試験担当者まで申し出てください。
- この試験の制限時間は1時間です。
- 解答は，問題の指示にしたがい，すべて解答用マークシートの指定の位置をマークしてください。
- 解答用マークシートの所定の位置に，試験会場，氏名，学校コード，受験番号を必ず記入してください。また，受験級，学校コード，受験番号は，該当する位置を正しくマークしてください。記入漏れやマーク漏れがある場合には，採点の対象とならない場合があります。
- マークは，HBもしくはBの黒鉛筆または黒シャープペンを使用してください。訂正する場合は，プラスチック消しゴムでよく消してください。
- 解答用マークシートの所定の欄以外には，何も記入しないでください。また，折り曲げたり，汚したりしないでください。
- 解答は次の例題にならって，解答マーク欄をマークしてください。
  例題　大阪府より面積の狭い都道府県はどこか。正しいものを選びなさい。
  （ア）東京都　　（イ）神奈川県　　（ウ）沖縄県　　（エ）香川県　　（オ）佐賀県
  正しい答は（エ）香川県　ですから，次のようにマークしてください。

  記入例　　　ア　　　イ　　　ウ　　　●　　　オ
- **計算問題は計算用具（電卓）を使用しなくても解ける内容なので，計算用具（電卓）は使用できません。**
- 印刷の汚れや乱丁，筆記用具の不具合等で必要のある場合は，手をあげて試験担当者に合図してください。

主　催　　公益社団法人　全国経理教育協会
後　援　　文　部　科　学　省

# 第1問 【社会常識】

**設問1** 次の言葉と同じ意味を持つものを選びなさい。（5点）

1．付近　　（ア）付随　　（イ）付属　　（ウ）地質　　（エ）近日　　（オ）近辺
2．欠乏　　（ア）欠席　　（イ）不利　　（ウ）不足　　（エ）欠陥　　（オ）少量
3．卓越　　（ア）越境　　（イ）傑出　　（ウ）豪傑　　（エ）出没　　（オ）卓上
4．推移　　（ア）変遷　　（イ）変形　　（ウ）推理　　（エ）移民　　（オ）流域
5．終生　　（ア）誕生　　（イ）終了　　（ウ）傷害　　（エ）生涯　　（オ）他界

**設問2** 次の言葉と反対の意味を持つものを選びなさい。（5点）

1．多弁　　（ア）多岐　　（イ）黙認　　（ウ）寡黙　　（エ）発言　　（オ）弁解
2．分裂　　（ア）分解　　（イ）分散　　（ウ）統一　　（エ）一部　　（オ）部首
3．大胆　　（ア）細心　　（イ）詳細　　（ウ）豪快　　（エ）大勢　　（オ）魂胆
4．促進　　（ア）販促　　（イ）強化　　（ウ）制度　　（エ）抑制　　（オ）進路
5．整然　　（ア）整理　　（イ）整備　　（ウ）自然　　（エ）天然　　（オ）雑然

**設問3** 次の文が説明する都道府県はどこか。正しいものを選びなさい。（5点）

1．県庁所在地は名古屋市である
　　（ア）長崎　　　（イ）愛媛　　　　（ウ）愛知　　　　（エ）新潟　　　（オ）群馬
2．県庁所在地は盛岡市である
　　（ア）北海道　　（イ）岩手　　　（ウ）福井　　　（エ）山口　　　（オ）大分
3．石垣島や宮古島などの観光リゾート地で有名である
　　（ア）鹿児島　　（イ）青森　　　（ウ）沖縄　　　（エ）大阪　　　（オ）島根
4．軽井沢や上高地などの観光地のほか善光寺でも知られている
　　（ア）福島　　　（イ）長野　　　（ウ）三重　　　（エ）高知　　　（オ）熊本
5．なまはげや竿灯まつりが有名で，代表的な郷土料理のきりたんぽも人気がある
　　（ア）山梨　　　（イ）福岡　　　（ウ）岐阜　　　（エ）和歌山　　（オ）秋田

1

**設問4** 次のカタカナ用語の意味を正しく示す言葉を選びなさい。（5点）

1．ミッション
 （ア）使命 　　　（イ）救援 　　　（ウ）反応 　　　（エ）約束 　　　（オ）会合
2．ペンディング
 （ア）描写 　　　（イ）収入 　　　（ウ）支出 　　　（エ）保留 　　　（オ）妥協
3．コンセンサス
 （ア）内容 　　　（イ）合意 　　　（ウ）演奏 　　　（エ）競争 　　　（オ）競技
4．セレモニー
 （ア）施設 　　　（イ）会場 　　　（ウ）式場 　　　（エ）記念 　　　（オ）式典
5．エキスパート
 （ア）開拓者 　　（イ）経営者 　　（ウ）専門家 　　（エ）主導者 　　（オ）傍観者


**設問5** 次の文を読んで正しいものにはアを，誤っているものにはイを選びなさい。（10点）

1．独占禁止法とは，公正かつ自由な競争を妨げる行為を規制する法律である。
2．仕事を遂行する上で必要なスキルの一つとして，人に対して発揮するコミュニケーション力などをヒューマンスキルという。
3．林野庁・水産庁を管轄している日本の中央省庁は，国土交通省である。
4．労働基準法は，労働者の保護を目的として1947年に成立した法律で，賃金や労働時間などの労働条件における最低基準を定めている。
5．マイナンバー制度は，個人を特定できる氏名・住所・電話番号などの情報について，不特定の第三者に流失しないように，適切な取り扱いを官公庁に対して義務付けた制度である。

2

**設問6**　次の文を読んで，解答として正しいものを選びなさい。（5点）

1．原価300円の商品に2割の利益をつけて100個売ったときの利益は何円か。

　　（ア）5,000円　　　（イ）5,500円　　　（ウ）6,000円　　　（エ）6,500円　　　（オ）7,000円

2．54枚のカードを妹が姉の2倍の枚数となるように分けたい。姉のカードは何枚か。

　　（ア）18枚　　　（イ）20枚　　　（ウ）24枚　　　（エ）30枚　　　（オ）36枚

3．クラスの人数は57人で，男子の人数は女子の人数より10%少ない。女子の人数は何人か。

　　（ア）27人　　　（イ）28人　　　（ウ）29人　　　（エ）30人　　　（オ）32人

4．10%の食塩水70gと6%の食塩水150gを混ぜてできる食塩水の食塩の量は何gか。

　　（ア）15g　　　（イ）16g　　　（ウ）17g　　　（エ）18g　　　（オ）19g

5．パンを1人4個ずつ配ると2個余り，5個ずつ配ると5個足りない。配る人数は何人か。

　　（ア）4人　　　（イ）5人　　　（ウ）6人　　　（エ）7人　　　（オ）8人

3

# 第2問 【コミュニケーション】

**設問1** 次の文章は第一印象について述べたものである。 [    ] の中にあてはまるものを語群の中から選びなさい。（5点）

　　私たちは初めて会う相手に対し, [ 1 ] に相手を判断し, 何らかのイメージを抱く。これが第一印象である。第一印象は数秒で決まり, その後も印象は継続するといわれている。人間関係では, 相手から [ 2 ] 印象を受けるとその人に [ 3 ] を持ち, やがて信頼関係につながるのである。第一印象の構成要素は [ 4 ] （身だしなみ・表情・態度）, [ 5 ] （声のトーン・声の大きさ・話し方）, 話の内容（言葉遣い・話の組み立て）などである。第一印象に留意し, 円滑なコミュニケーションを図ることでお互いの理解が深まり, よい人間関係を築くことができるのである。

| 語群 | ア | 好感 | イ | 明るい | ウ | 聴覚情報 | エ | 瞬時 | オ | 視覚情報 |
|---|---|---|---|---|---|---|---|---|---|---|

**設問2** 次の文は上司と話すときの言葉遣いである。適当なものにはアを, 不適当なものにはイを選びなさい。（10点）

1. （課長に対して）ご報告することを失念しておりました。
2. （店長に対して）朝礼で申されましたことは, 承知いたしました。
3. （課長に対して）ご予約のお客様が見えられました。
4. （店長に対して）私が売上伝票を本社にお持ちいたします。
5. （部長に対して）そちらの件について, 私は知りませんが, 部長は知っていますか。

**設問3** 次の文は話し方・聞き方のポイントについて述べたものである。適当なものにはアを, 不適当なものにはイを選びなさい。（10点）

1. 聞き手の目を見て, 姿勢を正して話す。
2. 明瞭な声で, 上手に間をとりながら話す。
3. 最初に理由や具体例を話し, 最後に結論を話す。
4. 人のうわさ話をもとに, 先入観をもって相手の話を聞く。
5. 真剣に聞いていることが相手に伝わるように, うなずいたり, あいづちを打ったりしないで聞く。

4

設問4　次の文は社内文書の構成について述べたものである。もっとも不適当と思われるものを一つ選びなさい。（2点）

ア．発信日付は，発信日を年月日で書く。
イ．受信者名は，「営業部長」など役職名を書き，氏名はつけない。
ウ．発信者名は，組織単位，部・課・支店などの責任者・部長・課長にし，氏名はつけない。
エ．件名は，文書の内容を分かりやすくまとめたものにし，最後に（案内）や（通知）などを書く。
オ．担当者名は，必ず発信者名と同じにし，連絡先（内線番号・メールアドレス）を書く。

設問5　次の「　」内の数字の表記について，もっとも不適当と思われるものを一つ選びなさい。（2点）

ア．ビジネス文書は横書きで書くのが「一般的」である。
イ．企画会議では，リーダーに開始のスピーチを「一言」お願いする。
ウ．会議で配付するレジュメは「2，3枚」準備する。
エ．次回のイベント開催地域は「九州」が有力である。
オ．次年度の予算は，「1億円」で検討している。

設問6　次の文は上司（品川課長）から会議の案内状の作成を依頼された際に行ったことである。もっとも適当と思われるものを一つ選びなさい。（2点）

ア．文書作成後，課長が不在だったため，部長席に行き「課長が不在なので，案内状の確認をお願いできますでしょうか」と言った。
イ．文書作成後，課長席に行き「案内状ができましたので，確認をお願いできますでしょうか」と言った。
ウ．文書はできあがったが，課長が忙しそうにしていたので，課長から何か言われるまで黙って待っていた。
エ．文書作成は苦手だったので，先輩に「この文書を完成させてください」とこっそり頼んだ。
オ．「申し訳ありません。課長，こちらに来てください」と課長を自席まで呼んで，作成した案内状を確認してもらった。

## 第3問 【ビジネスマナー】

**設問1**　次の文は職場のマナーについて述べたものである。適当なものにはアを，不適当なものには
　　　イを選びなさい。（5点）

1．やむを得ない事情のため早退するときは，同僚に了承を得てから帰宅するようにしている。
2．先を急ぎ，歩いている客を追い越すときは，会釈をしながら「失礼します」と言うようにして
　　いる。
3．机の上は普段から整理整頓し，仕事に必要なものだけ置くようにしている。
4．上司から仕事を依頼されたら「承知いたしました」と伝えるようにしている。
5．担当する業務が終わり退社する際，他の課員が仕事をしているときは，邪魔にならないように
　　何も言わずに帰るようにしている。

**設問2**　次の文は来客を案内するときの対応について述べたものである。適当なものにはアを，不適
　　　当なものにはイを選びなさい。（5点）

1．誘導の際，案内人は案内する方向を指し示し，時折振り返りながら案内するようにする。
2．廊下では，案内人は来客の歩調より少し早く歩くようにしている。
3．階段では，案内人は壁側を，来客には中央を歩いてもらうようにしている。
4．エレベーターでは，案内人は先に，来客には後から降りてもらうようにしている。
5．応接室では，「こちらにお掛けになってお待ちください」と言って上座を勧めるようにしてい
　　る。

**設問3**　次の文は伝言メモの書き方について述べたものである。適当なものにはアを，不適当なもの
　　　にはイを選びなさい。（10点）

1．伝言メモは，多少字が汚くても自分が読めれば問題ない。
2．相手の会社名や名前の漢字が分からないときは，平仮名か片仮名で書くようにする。
3．用件は5W3Hを意識して簡潔に書くようにする。
4．相手の様子や電話を受けた感想も必ず書いておく。
5．折り返しの電話を求められた場合は，相手の連絡先も一緒に書いておく。

6

**設問4**　次の郵便について，あてはまるものを語群の中から選びなさい。（重複不可）（10点）

1．受け取った人が料金を支払う郵便

2．会社や役所に関わる郵便

3．普通郵便より割安で本などを送付できる郵便

4．秘文書や商品券などを送る郵便

5．本人に直接開封してほしい郵便

| 語　群 | ア | ゆうメール | イ | 親展 | ウ | 公信 | エ | 簡易書留 | オ | 料金受取人払 |
|---|---|---|---|---|---|---|---|---|---|---|

**設問5**　次の文は結婚式に関するマナーやしきたりについて述べたものである。もっとも不適当と思われるものを一つ選びなさい。（2点）

ア．「赤口」は縁起の良い吉日とされ結婚式など執り行うにはふさわしいといわれる日である。

イ．服装は祝いの席にふさわしい華やかな服装で出席するようにする。

ウ．祝儀袋に入れる現金は新札を用意し，ふくさに包んで持っていくようにする。

エ．品物を贈る場合は，相手の希望を聞いておき，事前に手渡しするようにする。

オ．友人としてスピーチを頼まれたら，当人の人柄が分かるエピソードを交えて話すようにする。

**設問6**　次は事務用品のイラストである。「ステープラ」を選択肢の中から一つ選びなさい。（2点）

ア．

イ．

ウ．

エ．

オ．

7

主催　公益社団法人　全国経理教育協会

# 社会人常識マナー検定試験解答用紙
## （2級・3級）

（注意事項）

1. 試験会場、氏名、学校コード、受験番号を必ず記入してください。
2. 学校コード、受験番号、受験級は該当する位置を正しくマークしてください。
3. マークは、HBもしくはBの黒鉛筆または黒シャープペンを使用してください。
4. 訂正の場合は、あとが残らないように消しゴムできれいに消し、消しくずを残さないでください。
5. 所定の記入欄以外には何も記入しないでください。
6. 解答用紙は、折り曲げたり汚したりしないでください。

（マーク例）

| 良い例 | 悪い例 | | |
|---|---|---|---|
| ● | ◐ | ⊗ | ◍ |

氏　名

試　験　会　場

**受験番号**

| | | | | | | | | | |
|---|---|---|---|---|---|---|---|---|---|
| ⊂0⊃ | ⊂1⊃ | ⊂2⊃ | ⊂3⊃ | ⊂4⊃ | ⊂5⊃ | ⊂6⊃ | ⊂7⊃ | ⊂8⊃ | ⊂9⊃ |
| ⊂0⊃ | ⊂1⊃ | ⊂2⊃ | ⊂3⊃ | ⊂4⊃ | ⊂5⊃ | ⊂6⊃ | ⊂7⊃ | ⊂8⊃ | ⊂9⊃ |
| ⊂0⊃ | ⊂1⊃ | ⊂2⊃ | ⊂3⊃ | ⊂4⊃ | ⊂5⊃ | ⊂6⊃ | ⊂7⊃ | ⊂8⊃ | ⊂9⊃ |
| ⊂0⊃ | ⊂1⊃ | ⊂2⊃ | ⊂3⊃ | ⊂4⊃ | ⊂5⊃ | ⊂6⊃ | ⊂7⊃ | ⊂8⊃ | ⊂9⊃ |
| ⊂0⊃ | ⊂1⊃ | ⊂2⊃ | ⊂3⊃ | ⊂4⊃ | ⊂5⊃ | ⊂6⊃ | ⊂7⊃ | ⊂8⊃ | ⊂9⊃ |

**学校コード**

| | | | | | | | | | |
|---|---|---|---|---|---|---|---|---|---|
| ⊂0⊃ | ⊂1⊃ | ⊂2⊃ | ⊂3⊃ | ⊂4⊃ | ⊂5⊃ | ⊂6⊃ | ⊂7⊃ | ⊂8⊃ | ⊂9⊃ |
| ⊂0⊃ | ⊂1⊃ | ⊂2⊃ | ⊂3⊃ | ⊂4⊃ | ⊂5⊃ | ⊂6⊃ | ⊂7⊃ | ⊂8⊃ | ⊂9⊃ |
| ⊂0⊃ | ⊂1⊃ | ⊂2⊃ | ⊂3⊃ | ⊂4⊃ | ⊂5⊃ | ⊂6⊃ | ⊂7⊃ | ⊂8⊃ | ⊂9⊃ |
| ⊂0⊃ | ⊂1⊃ | ⊂2⊃ | ⊂3⊃ | ⊂4⊃ | ⊂5⊃ | ⊂6⊃ | ⊂7⊃ | ⊂8⊃ | ⊂9⊃ |

**受験級**

| 2 | 3 |
|---|---|
| ⊂ ⊃ | ⊂ ⊃ |

---

## 第1問　社会常識

【設問1】
1 ⊂ ⊃　2 ⊂ ⊃　3 ⊂ ⊃　4 ⊂ ⊃　5 ⊂ ⊃

【設問2】
1 ⊂ ⊃　2 ⊂ ⊃　3 ⊂ ⊃　4 ⊂ ⊃　5 ⊂ ⊃

【設問3】
1 ⊂ ⊃　2 ⊂ ⊃　3 ⊂ ⊃　4 ⊂ ⊃　5 ⊂ ⊃

【設問4】
1 ⊂ ⊃　2 ⊂ ⊃　3 ⊂ ⊃　4 ⊂ ⊃　5 ⊂ ⊃

【設問5】
1 ⊂ ⊃　2 ⊂ ⊃　3 ⊂ ⊃　4 ⊂ ⊃　5 ⊂ ⊃

【設問6】
1 ⊂ ⊃　2 ⊂ ⊃　3 ⊂ ⊃　4 ⊂ ⊃　5 ⊂ ⊃

---

## 第2問　コミュニケーション

【設問1】
1 ⊂ ⊃　2 ⊂ ⊃　3 ⊂ ⊃　4 ⊂ ⊃　5 ⊂ ⊃

【設問2】
1 ⊂ ⊃　2 ⊂ ⊃　3 ⊂ ⊃　4 ⊂ ⊃　5 ⊂ ⊃

【設問3】
1 ⊂ ⊃　2 ⊂ ⊃　3 ⊂ ⊃　4 ⊂ ⊃　5 ⊂ ⊃

【設問4】
1 ⊂ ⊃　2 ⊂ ⊃　3 ⊂ ⊃　4 ⊂ ⊃　5 ⊂ ⊃

【設問5】
1 ⊂ ⊃　2 ⊂ ⊃　3 ⊂ ⊃　4 ⊂ ⊃　5 ⊂ ⊃

【設問6】
1 ⊂ ⊃　2 ⊂ ⊃　3 ⊂ ⊃　4 ⊂ ⊃　5 ⊂ ⊃

---

## 第3問　ビジネスマナー

【設問1】
1 ⊂ ⊃　2 ⊂ ⊃　3 ⊂ ⊃　4 ⊂ ⊃　5 ⊂ ⊃

【設問2】
1 ⊂ ⊃　2 ⊂ ⊃　3 ⊂ ⊃　4 ⊂ ⊃　5 ⊂ ⊃

【設問3】
1 ⊂ ⊃　2 ⊂ ⊃　3 ⊂ ⊃　4 ⊂ ⊃　5 ⊂ ⊃

【設問4】
1 ⊂ ⊃　2 ⊂ ⊃　3 ⊂ ⊃　4 ⊂ ⊃　5 ⊂ ⊃

【設問5】
1 ⊂ ⊃　（以下、2級のみ）
2 ⊂ ⊃　3 ⊂ ⊃　4 ⊂ ⊃　5 ⊂ ⊃

【設問6】
1 ⊂ ⊃　（以下、2級のみ）
2 ⊂ ⊃　3 ⊂ ⊃　4 ⊂ ⊃　5 ⊂ ⊃

【設問7】
1 ⊂ ⊃　2 ⊂ ⊃　3 ⊂ ⊃　4 ⊂ ⊃　5 ⊂ ⊃

【設問8】
1 ⊂ ⊃　2 ⊂ ⊃

【設問9】
1 ⊂ ⊃　2 ⊂ ⊃

# 全経の検定試験、ネット試験も受付中！

　公益社団法人全国経理教育協会（以下、全経）では、「社会人常識マナー検定試験」（2・3級・Japan Basic）と「中小企業ＢＡＮＴＯ認定試験」のネット試験を開始しました。

　今後は、従来通りのペーパー試験に加え、全国に約360会場あるテストセンターで行うネット試験を実施していきます。

※学校でネットの団体受験を希望される場合、全国経理教育協会にご相談ください。

| ネット試験の対象 | 中小企業ＢＡＮＴＯ認定試験　　　簿記能力検定も2024年春から開始予定 |
| --- | --- |
|  | 社会人常識マナー検定試験 2級／3級／Japan Basic |
| ネット試験日程 | 2023年4月15日（土）～ |

## ■ネット試験（CBT方式）とは

　パソコンを使った試験方式のことです。希望するお近くのテストセンターで受験することができます。

　※ペーパー試験の会場では、ネット試験は受験できません。

★ネット試験申し込みサイトで、ネット試験の体験版がお試しいただけます。

## ■ネット試験のメリット

👑 **ポイント1**　お近くのテストセンター（全国約360会場以上）での受験が可能！受験者の利便性が向上。

👑 **ポイント2**　合否結果が即日わかります！

👑 **ポイント3**　思い立った時に受験申込みができます！お好きな日時で受験が可能。

---

【 受験申込から試験当日までの流れ －個人受験－ 】

| ネット試験 | |
| --- | --- |
| **ネット試験** | ネット試験「受験者専用サイト」で個人情報の登録を行います。マイページから試験を申込みます。 |
| ↓ | |
| **試験当日** | 希望するテストセンターで受験できます。本人確認証を持参してください。 |
| ↓ | |
| **合格発表** | 受験終了後に即時判定。スコアレポートが配布されます。合格証書はマイページからダウンロード可能。 |

| ペーパー試験 | |
| --- | --- |
| **ペーパー試験** | 全経の「検定管理システム」で個人情報の登録を行います。マイページから検定試験と受験会場を選択し申込みます。 |
| ↓ | |
| **試験当日** | 希望する試験会場（学校等）で受験できます。受験票、筆記用具等を持参してください。 |
| ↓ | |
| **合格発表** | 試験日から1カ月以内にマイページで閲覧可能。合格証書は発表後約3週間（個人の方は約4週間）後を目安に郵送。 |

---

ペーパー試験申込サイト： 全経「検定管理システム」https://app.zenkei.or.jp

ネット試験申込サイト： CBTS「受験者専用サイト」https://cbt-s.com/examinee/

ペーパー試験
申込サイト

ネット試験
申込サイト

社会人常識マナー検定試験

# 標 準 解 答・解 説

公益社団法人　全国経理教育協会

第1問【社会常識】

設問1

| 解答 | 1．エ（感心）　　　2．イ（貢献）　　　3．ウ（付近）　　　4．ウ（端緒）<br>5．ア（談判） |
|---|---|
| 解説 | 1．「敬服」「感心」は，心に深く感じ，尊敬の念を抱くことを意味します。<br>2．「寄与」「貢献」は，社会や人のために役に立つことを意味します。<br>3．「近辺」「付近」は，近くの場所やそのあたりを意味します。<br>4．「糸口」「端緒」は，物事が始まったり解決したりするきっかけや手掛かりを意味します。<br>5．「交渉」「談判」は，特定の問題について相手と話し合ったり掛け合ったりすることを意味します。 |

設問2

| 解答 | 1．イ（供給）　　　2．エ（独立）　　　3．ウ（弟子）　　　4．オ（否決）<br>5．オ（促進） |
|---|---|
| 解説 | 1．必要に応じて物を求める「需要」に対し，与える「供給」<br>2．他に頼って生活，存在する「依存」に対し，自分の力で生活，存在する「独立」<br>3．学問や武術などの師や先生である「師匠」に対し，教えを受ける「弟子」<br>4．会議などで議案を承認する「可決」に対し，承認しない「否決」<br>5．物事を抑えとどめる「抑制」に対し，早くはかどるように促す「促進」 |

設問3

| 解答 | 1．イ（京都）　　　2．ア（石川）　　　3．オ（山梨）　　　4．ウ（広島）<br>5．エ（群馬） |
|---|---|
| 解説 | 1．京都府は近畿地方に位置していて，県庁所在地は京都市<br>2．石川県は北陸地方に位置していて，県庁所在地は金沢市<br>3．山梨県は甲信越地方に位置していて，県庁所在地は甲府市<br>4．広島県は中国地方に位置していて，県庁所在地は広島市<br>5．群馬県は関東地方に位置していて，県庁所在地は前橋市 |

設問4

| 解答 | 1．イ（援助）　　　2．オ（要約）　　　3．ア（概念）　　　4．オ（損害）<br>5．ウ（専門家） |
|---|---|
| 解説 | 　日常会話に限らず，ビジネス会話の中でもカタカナ用語は非常に多く使われます。今回の問題の他にいくつか紹介しておきます。ドメスティック（国内の），バイアス（偏見／先入観），バジェット（予算／予算案），マスタープラン（基本計画），リアクション（反応／反作用）。自らカタカナ用語を使用する必要はありませんが，相手の発言の中に用いられた際に円滑な意思疎通を図るためには，正しく覚えておく必要があります。 |

設問5

| 解答 | 1．ア　　2．ア　　3．ア　　4．イ　　5．イ |
|---|---|
| 解説 | 4．国家資格は，国および国から委託を受けた機関が実施し，知識や技術が一定水準以上にあることを国によって認定される資格です。<br>5．ＢＲＩＣＳは，構成する五カ国のアルファベットの頭文字を用いています。Ｉはインドを指します。 |

設問6

| 解答 | 1．ウ（12.5km）　　　　2．イ（10%）　　　　3．エ（80ｇ）　　　4．オ（760円）<br>5．ウ（20Ｌ） |
|---|---|
| 解説 | 1．$30 \div 60 \times 25 = 12.5$（km）<br>2．$300 - 270 = 30$<br>　　$(30 \div 300) \times 100 = 10$（%）<br>3．$2 : 7 = x : 280$<br>　　$280 \times 2 \div 7 = 80$（ｇ）<br>4．$1{,}000 - 40 = 960$<br>　　$(960 \div 4) \times 3 + 40 = 760$（円）<br>5．$(5 \times 24) \div 6 = 20$（Ｌ） |

第2問【コミュニケーション】

設問1

| 解答 | 1．ア（渡す）　　　2．エ（両手）　　　3．オ（胸）　　　4．イ（読みやすい）<br>5．ウ（受け取る） |
|---|---|
| 解説 | 　社会人は一人ひとりが会社の代表としての自覚を持って対応することが大切です。物の受け渡しでは，次のことに気を付けましょう。<br>①　大切なものは胸の位置で<br>②　必ず両手で<br>③　相手の方に向きを変えて，『Heart to Heart』<br>④　渡すときも受け取るときも相手の目を見て，笑顔で<br>⑤　渡すときは「よろしくお願いいたします」，受け取るときは「ありがとうございます」 |

設問2

| 解答 | 1．ア　　2．イ　　3．イ　　4．ア　　5．イ |
|---|---|
| 解説 | 2．「お待ちしてもらえますでしょうか」が不適当です。「お〜する」は謙譲語です。尊敬語で「お待ちくださいますでしょうか」が適当です。<br>3．「申されました」不適切です。「申す」は「言う」の謙譲語です。尊敬語「おっしゃる」にして「おっしゃいました」が適当です。<br>5．「申す」は「言う」の謙譲語ですので部長が言っているというときには不適当です。「言う」の尊敬語「おっしゃる」にし「おっしゃっていました」が適切です。 |

設問3

| 解答 | 1．イ　　2．ア　　3．ア　　4．イ　　5．ア |
|---|---|
| 解説 | 1．お辞儀は相手の目を見てから上半身を下げます。<br>4．お辞儀をするときは上半身を倒すときよりもゆっくりと起こします。上半身を下げたところで一呼吸止めてから，ゆっくりと上げるようにしましょう。 |

設問4

| 解答 | ウ |
|---|---|
| 解説 | ア．プライベートなことは相手から話す場合はよいですが，いろいろと聞くことは控えた方が良好な人間関係が保たれます。<br>イ．用件をすべてメールにすることは不適当です。急ぎの場合，口頭で連絡をします。<br>エ．上司から指示を受けるときは，メモをとりながら集中して聞きます。不明な点は指示が終わってから尋ねるようにします。<br>オ．話を聞く際には，必要に応じてあいづちを打ったり，うなずいたりすることは，失礼にはあたりません。 |

設問5

| 解答 | エ |
|---|---|
| 解説 | 　社内文書では頭語や時候の挨拶などの前文は省きます。 |

設問6

| 解答 | ウ |
|---|---|
| 解説 | ア．「何か分からないことはなかったですか」と言ったことが不適当です。<br>　　「何かご不明な点はございませんでしたでしょうか」と言うのが適当です。<br>イ．「ちょっと教えてほしいんですけど」が不適当です。親しい先輩であっても敬語を使用し，「少々，教えていただきたいことがございますが，ただ今お時間よろしいでしょうか」と言うのが適しています。<br>エ．上司の指示に対しては「了解しました」ではなく，「承知いたしました」「かしこまりました」と言うが適当です。<br>オ．「すみません」と言うのは不適当です。「申し訳ございません」と言うのが適当です。 |

第3問　【ビジネスマナー】

設問1

| 解答 | 1．ア　　2．イ　　3．ア　　4．ア　　5．イ |
|---|---|
| 解説 | 2．名前は「○○さん」など姓で呼ぶのが一般的です。親しみを込めたつもりでも「○○ちゃん」やニックネームで呼ぶことは避けます。<br>5．離れる時間に関係なく，机上の資料は片づけてから離席するようにします。 |

設問2

| 解答 | 1．イ　　2．ア　　3．ア　　4．イ　　5．イ |
|---|---|
| 解説 | 1．面談の約束がない来客には，会社名・氏名・おおよその用件を聞き，適宜名指し人へ取り次ぎます。<br>4．廊下を案内する際，案内人は来客の二，三歩斜め前を歩くようにし，来客は中央を歩いていただきます。<br>5．お茶出しをする際，来客と上司が名刺交換をしていたときは，終わるまで待ちます。 |

設問3

| 解答 | 1．ア　　2．イ　　3．ア　　4．ア　　5．イ |
|---|---|
| 解説 | 2．「平服でお越しください」とは，服装はあまり気にしないでくださいという意味で，普段着でよいという意味ではありません。結婚式にふさわしい服装で出席します。<br>5．スピーチは，聞いている方も楽しく愉快になるような話や，門出を祝い幸せを祈る話をします。簡潔に3分以内をめどにします。 |

設問4

| 解答 | 1．エ（公信）　　　2．イ（DM）　　　3．ア（親展）　　　4．オ（ゆうパック）<br>5．ウ（ゆうメール） |
|---|---|
| 解説 | さまざまな郵送の知識について学び，適切に使い分けができるようにしましょう。<br>1．「公信」は，会社関係の郵便です。<br>2．「DM」は，広告を目的とした郵便物です。<br>3．「親展」は，本人が直接開封するものです。<br>4．「ゆうパック」は，重さや大きさが通常郵便を超えるときに利用します。<br>5．「ゆうメール」は，1kgまでの本やカタログ，CDなどの電子記録媒体を割安に送付できます。 |

設問5

| 解答 | イ |
|---|---|
| 解説 | お見舞いは，一般的に現金，商品券または病状に合ったものを用意しますが，現金は，目上の人に現金を渡すのは失礼にあたります。また，花は鉢植えだと「根づく」が「寝づく」を連想させ，縁起が悪いと嫌われます。切り花かフラワーアレンジメントにしますが，匂いの強いものや花弁の散るものは避けます。シクラメンも「死・苦」などを連想させますので避け，葬儀に用いる菊も避けます。規則で花を持ち込めない病院も増えていますので，前もって調べておきましょう。 |

設問6

| 解答 | イ |
|---|---|
| 解説 | 伝言メモは，以下の項目を記入します。<br>① 誰あてのメモか<br>② 相手の会社名・氏名<br>③ 伝言の内容<br>④ 受けた日時<br>⑤ 電話を受けた人の名前<br>　伝言メモには，事実のみを記入し，電話を受けた感想や推測は必要ありません。 |

第1問【社会常識】

設問1

| 解答 | 1．エ（成就）　　2．イ（要点）　　3．エ（手本）　　4．オ（全体）<br>5．ア（手腕） |
|---|---|
| 解説 | 1．「達成」「成就」は，物事を成し遂げることを意味します。<br>2．「骨子」「要点」は，全体を構成するうえでの重要な部分を意味します。<br>3．「模範」「手本」は，見習うべきことやものを意味します。<br>4．「総体」「全体」は，物事のすべての部分を意味します。<br>5．「力量」「手腕」は，物事を成し遂げる力を意味します。 |

設問2

| 解答 | 1．ウ（妨害）　　2．イ（凡人）　　3．エ（閉鎖）　　4．ウ（寒冷）<br>5．イ（新鋭） |
|---|---|
| 解説 | 1．力を貸して助ける「支援」に対し，邪魔をする「妨害」<br>2．優れた人の「偉人」に対し，普通の人やつまらない人の「凡人」<br>3．開け放つ「開放」に対し，閉めて出入りできないようにする「閉鎖」<br>4．気候が暖かなさまの「温暖」に対し，冷え冷えとして寒い「寒冷」<br>5．経験を積んだ人の「古豪」に対し，新しく現れ勢いが盛んな「新鋭」 |

設問3

| 解答 | 1．ウ（奈良）　　2．イ（福島）　　3．ア（鳥取）　　4．エ（鹿児島）<br>5．オ（兵庫） |
|---|---|
| 解説 | 1．奈良県は近畿地方に位置しており，県庁所在地は奈良市<br>2．福島県は東北地方に位置しており，県庁所在地は福島市<br>3．鳥取県は中国地方に位置しており，県庁所在地は鳥取市<br>4．鹿児島県は九州地方に位置しており，県庁所在地は鹿児島市<br>5．兵庫県は近畿地方に位置しており，県庁所在地は神戸市 |

設問4

| 解答 | 1．エ（式典）　　2．イ（提携）　　3．ア（会議）　　4．ウ（論理的な）<br>5．オ（防犯） |
|---|---|
| 解説 | 　日頃から，かなりの頻度で使用されるカタカナ用語は非常に多く存在しています。特定の領域や分野だけに限って使用されるものもありますが，コミュニケーションを他者とする場合に必要不可欠です。<br>　今回の選択肢の中にも出てくるタイアップ（提携），ロジカル（論理的な），セキュリティー（防犯）などは日本語同様に使用されています。相手の発言の中で使われた場合に理解できることが，意思疎通を円滑に進めるためにも求められます。 |

設問5

| 解答 | 1．ア　　2．ア　　3．イ　　4．イ　　5．ア |
|---|---|
| 解説 | 3．ヒューマンスキルは，コミュニケーション能力やリーダーシップ能力などの対人スキルです。業務に関する特別な知識や経験などから身に付けるものは，テクニカルスキルといいます。<br>4．自衛隊を管轄する中央省庁は，防衛省です。 |

設問6

| 解答 | 1．ウ（728 g）　　　2．ア（1.5km）　　　3．オ（12分後）　　　4．イ（480円）<br>5．イ（3,000kg） |
|---|---|
| 解説 | 1．26×28＝728（g）<br>2．（540÷6）÷60＝1.5（km）<br>3．1,380÷（64＋51）＝12（分後）<br>4．400×1.2＝480（円）<br>5．（3,600÷120）×100＝3,000（kg） |

第2問【コミュニケーション】

設問1

| 解答 | 1．エ（キャッチボール）　　　2．ウ（距離）　　　3．ア（受け止める）<br>4．オ（配慮）　　　5．イ（双方向） |
|---|---|
| 解説 | 　コミュニケーションを円滑にするためには，一方的に話すのではなく，対話することで相互理解することが大切です。自分の考えを相手に理解してもらう努力を惜しまず，相手の求めていることを見極めるようにしましょう。<br>　双方向の円滑なコミュニケーションのために次の五つに留意しましょう。<br>①　相手を尊重する<br>②　表情と態度で相手を歓迎していることを示す<br>③　傾聴と主張のバランスを上手にとる<br>④　相手のペースに合わせる<br>⑤　用件はメモと復唱で，正確に把握する |

設問2

| 解答 | 1．イ　2．ア　3．イ　4．ア　5．イ |
|---|---|
| 解説 | 1．「見えられたので」が「見える」と「られる」の二重敬語なっているので不適切です。「案内しました」を丁寧な言い方にし，「お客様がお見えになりましたので，応接室にご案内いたしました」が適当です。<br>3．「ご拝見ください」の「拝見」は謙譲語なので不適当です。課長に見てくださいと言っているので，「見る」の尊敬語「ご覧ください」が適当です。<br>5．「出席なされて」が不適当です。尊敬語にして「出席いただきたいそうです」「ご出席になってほしいそうです」が適当です。 |

設問3

| 解答 | 1．イ　2．イ　3．ア　4．イ　5．ア |
|---|---|
| 解説 | 1．「うなずいたり，あいづちを打ったりしないで聞く」は不適当です。うなずいたり，あいづちを打つことで話を一生懸命聞いていますというメッセージが伝わります。<br>2．先入観を持たないようにして，相手の話を聞きます。<br>4．相手が理解しやすいように，最初に結論を話してから理由や具体例を話します。 |

設問4

| 解答 | ウ |
|---|---|
| 解説 | 　部署名と個人名を書くときは，敬称は「○○部○○様」が適当です。御中と様を同時に使用することはありません。 |

設問5

| 解答 | イ |
|---|---|
| 解説 | 　「店長ほか3名が参加」は，店長のほかに3名，全員で4名ということです。 |

設問6

| 解答 | ア |
|---|---|
| 解説 | イ．「部長のお時間がよろしければ，課長がおいでになりたいと言われています」が適当です。<br>ウ．「そちらの件については，私は存じません。課長はご存じでいらっしゃいますか」が適当です。<br>エ．「課長，至急コピーをいたしますので，お待ちいただけますでしょうか」が適当です。<br>オ．「行くのですか」が不適当です。尊敬語で「いらっしゃいますか」が適当です。 |

第3問　【ビジネスマナー】

設問1

| 解答 | 1．ア　2．イ　3．イ　4．イ　5．ア |
|---|---|
| 解説 | 2．廊下で上司とすれ違うときは，脇によって会釈をします。<br>3．名前は「○○さん」と呼ぶのが普通です。親しみを込めたつもりでも「○○ちゃん」やニックネームで呼ぶことは避けます。<br>4．エレベーターに乗る際は，出口をふさがないよう脇に寄って待ち，降りる人を優先した後で乗るようにします。 |

設問2

| 解答 | 1．イ　2．ア　3．イ　4．ア　5．イ |
|---|---|
| 解説 | 1．専門用語や略語は，お互い共通認識が出来ていれば会話もスムーズですが，自分は知っていても，相手が知らない場合もあります。相手が理解しやすい言葉を使うようにします。<br>3．第一声は，会社を代表して対応している気持ちで，明るく，丁寧に感じよく，相手のペースに合わせて話をします。<br>5．電話応対は，音声しか伝わりませんが，横暴な態度をとればすぐに相手に伝わるものです。態度や表情にも気を配るようにします。 |

設問3

| 解答 | 1．ア　　2．ア　　3．イ　　4．イ　　5．ア |
|---|---|
| 解説 | 3．儀礼的訪問である転勤の挨拶は，短時間で済むため名指し人が面談中のときは，メモで知らせ取り次ぎます。<br>4．予約のない来客には，会社名と名前，どのような用件かを確認しますが，予約のある来客はすでに目的が明確ですので用件を聞くのは失礼となります。 |

設問4

| 解答 | 1．ウ（供物）　　　　2．オ（喪主）　　　　3．ア（通夜）　　　　4．エ（焼香）<br>5．イ（社葬） |
|---|---|
| 解説 | 「供物（くもつ）」は，宗教により異なるので注意が必要です。供物の中でお花を供花（きょうか）といいます。日本では仏式・神式・キリスト教式の三つが代表的で，それぞれの作法に従い，早めに手配します。<br>・仏教・・・生花など<br>・神道・・・榊など<br>・キリスト教・・・白い生花 |

設問5

| 解答 | イ |
|---|---|
| 解説 | 「親展」は，あて名人本人が直接開封するものです。開封せずに担当者に渡します。 |

設問6

| 解答 | エ |
|---|---|
| 解説 | 　上座とは，その場で一番心地よく安全に過ごせる場所のことです。一般的には，目上の人やお客様が座る席です。応接室の場合，上座は出入口から一番離れた位置にあるソファになります。ウのスツールは，ひじ掛けも背もたれもない椅子のことで，来客用には不向きなため，奥まった位置にあっても人数の多いときなど必要に応じて社内の人が使用します。 |

第1問【社会常識】

設問1

| 解答 | 1．エ（冷淡）　　　2．ア（委細）　　　3．イ（道徳）　　　4．オ（了解）<br>5．ウ（真相） |
|---|---|
| 解説 | 1．「薄情」「冷淡」は，人情に薄いこと，思いやりの気持ちのないことを意味します。<br>2．「詳細」「委細」は，細部に至るまで詳しいことを意味します。<br>3．「倫理」「道徳」は，人として守るべき道，善悪の判断において普遍的な基準となるものを意味します。<br>4．「納得」「了解」は，他人の考えや行動などを十分に理解し，承知することを意味します。<br>5．「真実」「真相」は，嘘や偽りでない本当のことを意味します。 |

設問2

| 解答 | 1．エ（過失）　　　2．イ（不況）　　　3．オ（統一）　　　4．ウ（悲観）<br>5．ア（束縛） |
|---|---|
| 解説 | 1．わざと行う「故意」に対し，不注意などによって生じる「過失」<br>2．景気の良い「好況」に対し，経済が停滞している「不況」<br>3．まとまりがなくいくつかに分かれる「分裂」に対し，一つにまとまる「統一」<br>4．物事の先行きをよいほうに考える「楽観」に対し，失望して考える「悲観」<br>5．思いのままに制限を受けない「自由」に対し，制限をする「束縛」 |

設問3

| 解答 | 1．ア（北海道）　　　2．イ（千葉）　　　3．エ（静岡）　　　4．エ（滋賀）<br>5．オ（熊本） |
|---|---|
| 解説 | 1．北海道は日本の最北に位置し，県庁所在地は札幌市<br>2．千葉県は関東地方に位置し，県庁所在地は千葉市<br>3．静岡県は東海地方に位置し，県庁所在地は静岡市<br>4．滋賀県は近畿地方に位置し，県庁所在地は大津市<br>5．熊本県は九州地方に位置し，県庁所在地は熊本市 |

設問4

| 解答 | 1．ウ（公共の）　　　2．イ（世代）　　　3．ア（使命）　　　4．オ（保留）<br>5．エ（媒体） |
|---|---|
| 解説 | 　カタカナ用語は，ビジネスシーンでは非常によく使用されます。問題以外にも，アグリーメント（合意／一致），ギャップ（格差／食い違い），サプライ（供給／配給），タイムラグ（時間のずれ）などもよく使われています。<br>　意識的にカタカナ用語を使用する必要はありませんが，相手の発言の中に用いられた際に，正しく理解していないと円滑な意思疎通を図ることができません。 |

設問5

| 解答 | 1．ア　　2．イ　　3．イ　　4．ア　　5．ア |
|---|---|
| 解説 | 2．デフレーションは，一般的には不況下で起こりやすい現象です。好況下では，物価水準が持続的に上昇を続ける，インフレーションが起こりやすくなります。<br>3．アウトソーシングは，経営の効率化を図るために，業務を外部に発注することをいいます。 |

設問6

| 解答 | 1．ウ（1,230円）　　　　2．オ（36 L）　　　　3．エ（6時間）　　　4．ア（3個）<br>5．イ（2.6m） |
|---|---|
| 解説 | 1．1,500 ×0.82＝1,230（円）<br>2．432 ÷12＝36（L）<br>3．(36×2) ÷12＝6（時間）<br>4．みかんの個数をx とすると<br>　　80 x ＋100（15—x）＝1,380　　x ＝6<br>　　みかんを6個，リンゴを9個購入したこととなる。<br>　　9－6＝3　　　3個<br>5．156÷60＝2.6（m） |

第2問【コミュニケーション】

設問1

| 解答 | 1．ウ（問題）　　　　2．イ（結論）　　　　3．ア（解決）　　　　4．オ（仮説）<br>5．エ（事前） |
|---|---|
| 解説 | 　相談のポイントは次のとおりです。<br>①　相談は結論や答えをもらうものではなく，解決のための助言やヒントをもらうものだと考えます。<br>②　自分でやれることはやってみて，自分なりの仮説や意見を持って相談します。<br>③　相談する相手に，事前に都合を確認します。 |

設問2

| 解答 | 1．イ　　2．ア　　3．イ　　4．イ　　5．ア |
|---|---|
| 解説 | 1．「お連れしました」が不適当です。「ご案内いたしました」が適当です。<br>3．「私は知りませんが，課長は知っていますか」が不適当です。自分のことは謙譲語「存じる」，課長には尊敬語「ご存じ」となり，「私は存じませんが，課長はご存じですか」が適当です。<br>4．「ご苦労様でした」は目上の人が目下の人をねぎらうときの言葉遣いです。店長に対しては不適当です。「お疲れ様でした」または「お疲れ様でございました」が適当です。 |

設問3

| 解答 | 1．ア　　2．ア　　3．イ　　4．ア　　5．イ |
|---|---|
| 解説 | 3．上司からの指示は途中でさえぎらず，最後まで聞きます。不明点や疑問点は最後にまとめて確認します。<br>5．指示が複数あるときには，優先順位を上司に確認します。 |

設問4

| 解答 | エ |
|---|---|
| 解説 | 　議事録は，出席者名，定例会議では欠席者名，多人数のときは出席者数などを記録しますが，欠席理由まで記載する必要はありません。 |

設問5

| 解答 | イ |
|---|---|
| 解説 | 　グラフを活用することで，情報をより分かりやすく伝達することができます。<br>　円グラフの項目は，比率の大きいものから順に基線から時計回りで記入します。アンケート結果などは数値に関係なく，「よい」「普通」「よくない」の順に時計回りで記入します。<br>　他に，グラフに記入する必要事項は次のとおりです。<br>①　標題，タイトルをつける<br>②　引用資料の出所（調査機関名，調査時期など）を書く<br>③　単位の明記を忘れない<br>④　基底を0にして，数値が空きすぎるところは中断記号を使う |

設問6

| 解答 | オ |
|---|---|
| 解説 | 　「仕事は指示・命令に始まり報告に終わる」といわれます。指示・命令を受けたら，その業務を遂行する責任を負うということです。その義務の中には報告も含まれています。<br>　仕事の状況は上司から聞かれてから報告するのではなく，仕事が終わったら速やかに報告します。また，状況に応じて中間報告をします。 |

第3問　【ビジネスマナー】

設問1

| 解答 | 1．ア　　2．ア　　3．イ　　4．イ　　5．イ |
|---|---|
| 解説 | 3．上り階段では，来客は手すり側，案内者は壁側を歩きます。基本的には来客の前を歩きつつ誘導し，階段を上る際は来客を見下ろす形になることは避けて先を歩いてもらいます。<br>4．応接室のドアが，外開きの場合は，来客に先に入室してもらいます。<br>5．応接室では，出入口から一番離れた席が上座となります。 |

設問2

| 解答 | 1．ア　　2．ア　　3．ア　　4．イ　　5．イ |
|---|---|
| 解説 | 4．「いつもお世話になっております」は電話応対でよく使われる言い回しです。関係性に関わらず伝えるようにします。<br>5．電話が切れてしまったときは，掛けた側から掛け直すのが原則です。ただし，相手がお客様や上位者の場合にはこちらから掛け直します。 |

設問3

| 解答 | 1．ア　2．イ　3．イ　4．イ　5．ア |
|---|---|
| 解説 | 2．弔電や香典を送るときの受取人は，故人ではなく喪主となります。 |
| | 3．通夜は，急に知ることが多く，駆けつけるため服装は，落ち着いた色の服であれば平服でも構いませんが，葬儀や告別式の服装は喪服となります。また，アクセサリーは着用しませんが，一連の真珠のネックレスや結婚指輪は構いません。ただし，真珠のネックレスであっても二連は不幸が重なるといわれているため避けます。 |
| | 4．香典は，あえて古い札を使用します。突然のことで新札を用意することができないとの気持ちを込めています。 |

設問4

| 解答 | 1．オ（プロジェクター）　　　2．エ（シュレッダー）　　　3．イ（ステープラ） |
|---|---|
| | 4．ウ（ナンバリング）　　　5．ア（スツール） |
| 解説 | 　職場環境を整えることで，仕事を効率よく行うことができます。さまざまな事務器機・オフィス家具の知識を持ちましょう。 |
| | 2．機密文書などは，シュレッダーで破棄します。 |
| | 3．少量の書類をまとめるときは，ステープラ（ホッチキス），クリップなどでまとめます。 |
| | 4．ナンバリングは，書類などに一連の続き番号を刻印する際に使用します。 |
| | 5．スツールは，簡易な補助用の椅子です。 |

設問5

| 解答 | エ |
|---|---|
| 解説 | 　料金不足の場合は，受取人が不足額を支払うことになり，相手に失礼となります。 |

設問6

| 解答 | ウ |
|---|---|
| 解説 | ア．自分が休むことで職場にも迷惑を掛けることになります。有給休暇を取得するときは，事前に上司に了承を得て，同僚にも知らせるようにします。 |
| | イ．体調不良ややむを得ない事情のため欠勤するときは，始業時間前に上司に連絡を入れ欠勤の理由と了承を得ます。その日の仕事の状況も説明し，どうしてもその日に処理しなければいけない業務がある場合などは引継ぎや調整もお願いします。急な欠勤は，周囲の人に迷惑を掛けることになります。出社したら上司や同僚にお詫びとお礼を伝えます。普段から体調管理に気をつけることもビジネスでは必要となります。 |
| | エ．机の上は，仕事に必要な最小限のものだけ置くようにします。整理整頓されていないと探し物に無駄な時間を使い，仕事の効率を低下させます。 |
| | オ．帰る際，同僚が仕事をしているときは，邪魔にならないような配慮は必要ですが，一言「お先に失礼いたします」と言ってから帰るようにします。仕事は，協力して行うものですので同僚が残って仕事をしているようであれば，「手伝うことはないか」とお互いに助け合える関係性を普段から作っておきましょう。 |

第1問【社会常識】

設問1

| 解答 | 1．エ（欠乏）　　　　2．イ（著名）　　　　3．ウ（専念）　　　　4．オ（真心）<br>5．イ（時勢） |
|---|---|
| 解説 | 1．「不足」「欠乏」は，足りないことや貧しいことを意味します。<br>2．「有名」「著名」は，世間に名が知られていることを意味します。<br>3．「没頭」「専念」は，一つのことだけに集中することを意味します。<br>4．「誠意」「真心」は，相手のことを親身に思いやる気持ちや心を意味します。<br>5．「潮流」「時勢」は，時代の流れや傾向を意味します。 |

設問2

| 解答 | 1．オ（特殊）　　　　2．ウ（人工）　　　　3．ウ（概算）　　　　4．エ（大胆）<br>5．ア（悲哀） |
|---|---|
| 解説 | 1．特に変わったところがなくありふれた「一般」に対し，変わった，例外的な「特殊」<br>2．人の手が加わっていない「天然」に対し，手が加わる「人工」<br>3．数量や金額を細かく計算する「精算」に対し，大体を計算する「概算」<br>4．細かなところまで心が行き届く「細心」に対し，物事を恐れない「大胆」<br>5．心から喜ぶ「歓喜」に対し，悲しく哀れな「悲哀」 |

設問3

| 解答 | 1．オ（大分）　　　　2．ア（岩手）　　　　3．イ（栃木）　　　　4．オ（愛媛）<br>5．ウ（岐阜） |
|---|---|
| 解説 | 1．大分県は九州地方に位置していて，県庁所在地は大分市<br>2．岩手県は東北地方に位置していて，県庁所在地は盛岡市<br>3．栃木県は関東地方に位置していて，県庁所在地は宇都宮市<br>4．愛媛県は四国地方に位置していて，県庁所在地は松山市<br>5．岐阜県は東海地方に位置していて，県庁所在地は岐阜市 |

設問4

| 解答 | 1．エ（合意）　　　　2．イ（国内の）　　　　3．ア（情報漏洩）<br>4．ウ（開拓者）　　　5．オ（経済学者） |
|---|---|
| 解説 | 　日常会話に限らず，ビジネス会話の中でもカタカナ用語は非常に多く使われます。頻繁に使用されるカタカナ用語は，その意味を正しく理解して，的確に使用できるようにしましょう。 |

設問5

| 解答 | 1．イ 2．ア 3．ア 4．ア 5．イ |
|---|---|
| 解説 | 1．日経平均株価は，東京証券取引所一部上場企業の中から選定された225銘柄から算出した株価指数です。<br><br>5．テクニカルスキルは，担当する業務を遂行するために，その業務に関する特別な知識や深い経験などから身に付く業務スキルです。問題文はコンセプチュアルスキルの説明です。 |

設問6

| 解答 | 1．ウ（45km） 2．オ（180円） 3．エ（700円） 4．イ（80円）<br>5．ウ（12m） |
|---|---|
| 解説 | 1．$60 \div 60 = 1$ $1 \times 45 = 45$（km）<br><br>2．$3,600 \times 0.2 = 720$ $720 \div 4 = 180$（円）<br><br>3．$1,300 - x = 6(500 - x) + 50$<br> $5x = 1,750$ $x = 350$<br> $350 \times 2 = 700$（円）<br><br>4．$240 \div 6 = 40$ $40 \times 2 = 80$（円）<br><br>5．$156 \div (2 + 12 - 1) = 12$（m） |

第2問【コミュニケーション】

設問1

| 解答 | 1．イ（瞬時） 2．ア（明るい） 3．エ（好感） 4．オ（視覚情報）<br>5．ウ（聴覚情報） |
|---|---|
| 解説 | 　第一印象の決定要素に関しては，メラビアンの法則から視覚情報（55%），聴覚情報（38%），言語情報（7%）といわれています。この数字からも，話に説得力を持たせるためには言葉以外の伝達要素が非常に重要だということが分かります。声の大きさ，話すテンポ，アイコンタクト，姿勢，表情などに気を付けることが大切です。 |

設問2

| 解答 | 1．ア 2．イ 3．イ 4．イ 5．ア |
|---|---|
| 解説 | 2．「確認いたしてくださいますか」が不適当です。「確認していただけますか」「ご確認いただけますか」が適当です。<br><br>3．「行くのですか」が不適当です。課長には尊敬語を使い「行かれますか」「いらっしゃいますか」が適当です。<br><br>4．「聞き及んで」が不適当です。「聞き及ぶ」は謙譲語のため「お聞きになって」が適当です。 |

設問3

| 解答 | 1．イ　2．ア　3．ア　4．イ　5．イ |
|---|---|
| 解説 | 1．発信日は年・月・日を書きます。 |
| | 4．すべて箇条書きではなく，できるだけ箇条書きにします。 |
| | 5．文書の締めくくりとして，担当者の上に「以上」を書きます。 |
| | 　社内文書は，社内の通達，業務上の報告・連絡を目的とした文書です。社内で用件が迅速かつ正確に伝達されることが求められます。 |

設問4

| 解答 | エ |
|---|---|
| 解説 | 　豊富な経験や知識を持つ先輩には敬意を払うことが大切です。心の中で思うだけでなく，形として先輩を敬う気持ちを表していきます。そのためには，言葉遣いや態度に気を付けなければなりません。面倒な仕事を頼まれても，快く引き受けるようにします。 |

設問5

| 解答 | エ |
|---|---|
| 解説 | 　「いつも大変お世話になっております」は，社外の人に対して言います。社内の人に対しては，一般的に「お疲れ様です」と言います。 |

設問6

| 解答 | ウ |
|---|---|
| 解説 | ア．上司から呼ばれたら返事をして，すぐに上司のもとへ行きます。 |
| | イ．記憶力に自信があったとしても，メモと筆記用具を持って上司のもとへ行きます。 |
| | エ．聞き間違いなどを防ぐために，メモにそって要点を復唱・確認する。 |
| | オ．不明な点や疑問点は，最後にまとめて確認します。 |

第3問　【ビジネスマナー】

設問1

| 解答 | 1．ア　2．イ　3．イ　4．ア　5．イ |
|---|---|
| 解説 | 2．所属部署の事務所に入るときは，ノックは不要ですが，会議室や応接室に入るときは基本的に3回ノックをします。 |
| | 3．仕事中に上司がそばに来たときは，立ち上がり話を聞くようにします。 |
| | 5．上司と廊下を歩くときは，上司の二，三歩斜め後ろの位置で，上司の歩調に合わせて歩くようにします。 |

設問2

| 解答 | 1．イ　2．ア　3．イ　4．ア　5．イ |
|---|---|
| 解説 | 1．機密文書をコピーするときは，流出を防ぐために枚数分のみコピーをします。 |
| | 3．契約書など確実に送る必要のあるものを送るときは，簡易書留で送ります。 |
| | 5．部外秘の情報は，部署内での機密情報です。外部の流出を防ぐため，他部署の社員には話しません。 |

設問3

| 解答 | 1．ア　　2．イ　　3．イ　　4．イ　　5．ア |
|---|---|
| 解説 | ２．転勤や年末年始の挨拶などは面談予約がないのが一般的です。面談の予約がないと取り次げないと言って断るのではなく，名指し人が在席している場合は取り次ぎます。<br>３．予約がある来客には，どのような用件か尋ねる必要はありません。会社名と名前，誰あてかを確認した後，名指し人に取り次ぎます。<br>４．来客応対中に電話が鳴ったときは，目の前の来客を優先します。応対後，電話に出るようにします。 |

設問4

| 解答 | 1．オ（通）　　　　2．イ（台）　　　　3．ウ（件）　　　　4．エ（部）<br>5．ア（客） |
|---|---|
| 解説 | 　この他，次の数え方も覚えましょう。<br>・椅子・・・脚<br>・小説・・・編<br>・寄付・・・口<br>・銀行・・・行<br>・新聞・・・部（数量），紙（種類） |

設問5

| 解答 | オ |
|---|---|
| 解説 | 　基本的には，電話を掛けた側から先に切ります。電話を受けた側は，通話終了後に相手が切ったのを確認してから電話機を静かに置きます。 |

設問6

| 解答 | エ |
|---|---|
| 解説 | 　結婚式の返信はがきには，お祝の言葉を添えて，出欠の可否を早く伝えます。<br>ア．イ．「行」を二重線で消し「様」にします。<br>ウ．「ご出席」の「ご」，「ご住所」の「ご」，「ご芳名」の「ご芳」は二重線で消します。<br>オ．「ご芳名」の「ご芳」は二重線で消し，余白にお祝の言葉をそえます。 |

第1問【社会常識】

設問1

| 解答 | 1．オ（同等）　　　　2．ア（卓越）　　　3．ア（悩殺）　　　4．エ（活発）<br>5．オ（終生） |
|---|---|
| 解説 | 1．「互角」「同等」は，互いにどちらが強い弱いといえない状態を意味します。<br>2．「傑出」「卓越」は，とび抜けて優れていることを意味します。<br>3．「魅了」「悩殺」は，人の心を悩ますほどひきつけることを意味します。<br>4．「快活」「活発」は，明るく元気のあることを意味します。<br>5．「生涯」「終生」は，一生を意味します。 |

設問2

| 解答 | 1．エ（収入）　　　　2．イ（追加）　　　3．イ（左遷）　　　4．ウ（陥没）<br>5．ア（粗悪） |
|---|---|
| 解説 | 1．お金を支払う「支出」に対し，得る「収入」<br>2．量や金額を減らす「削減」に対し，つけ加える「追加」<br>3．高い地位に就く「栄転」に対し，低い地位に就く「左遷」<br>4．高く盛り上がる「隆起」に対し，沈んでくぼんでいる「陥没」<br>5．優れて良い「優良」に対し，粗末で悪い「粗悪」 |

設問3

| 解答 | 1．ウ（愛知）　　　　2．ア（秋田）　　　3．イ（埼玉）　　　4．エ（大阪）<br>5．オ（宮崎） |
|---|---|
| 解説 | 1．愛知県は東海地方に位置しており，県庁所在地は名古屋市<br>2．秋田県は東北地方に位置しており，県庁所在地は秋田市<br>3．埼玉県は関東地方に位置しており，県庁所在地はさいたま市<br>4．大阪府は近畿地方に位置しており，県庁所在地は大阪市<br>5．宮崎県は九州地方に位置しており，県庁所在地は宮崎市 |

設問4

| 解答 | 1．ウ（部外者）　　　2．イ（縁故）　　　3．ア（本質）　　　4．ウ（主導権）<br>5．ウ（修復） |
|---|---|
| 解説 | 　カタカナ用語は，日頃からかなりの頻度で使用されています。特定の領域や分野だけに限って使用されるものもありますが，コミュニケーションを他者とする場合に必要不可欠です。<br>　今回出題されているコネクション／コネ（縁故），コア（本質），イニシアチブ（主導権）などは日本語同様に使用されています。相手の発言の中で使われた際に理解できることが，意思疎通を円滑に進めるためにも求められます。 |

設問5

| 解答 | 1．イ　　　2．イ　　　3．ア　　　4．ア　　　5．ア |
|---|---|
| 解説 | 1．企業の社会的責任（ＣＳＲ）は概念であり，法的に定められているものではありません。<br>2．派遣社員やパートタイムは代表的な非正規雇用です。 |

設問6

| 解答 | 1．イ（4分）　　　　2．エ（4,600円）　　　3．エ（120円）　　　4．イ（20%）<br>5．ウ（20cm） |
|---|---|
| 解説 | 1．560÷140＝4（分）<br>2．4,000×1.15＝4,600（円）<br>3．xをドーナッツ，yをプリンとする。<br>　　4x＋2y＝800－240＝560　7x＋3y＝800＋120<br>　　これらを解くと x＝90　y＝120<br>　　y＝120（円）<br>4．200×16÷100＝32　32＋10＝42<br>　　42÷（200＋10）×100＝20（%）<br>5．380－（40×6）＝140<br>　　140÷7＝20（cm） |

第2問【コミュニケーション】

設問1

| 解答 | 1．オ（心遣い）　　　2．ウ（年齢）　　　3．エ（尊敬語）　　　4．イ（謙譲語）<br>5．ア（信頼） |
|---|---|
| 解説 | 　敬語は，相手の立場や人格を尊重し，相手に対する敬意を表す言葉のことです。ビジネスの場では敬語が基本です。敬語は大きく分けて3種類あります。<br>・尊敬語…相手の動作や状態を高め，相手に敬意を表す言葉<br>・謙譲語…自分や身内の動作や状態をへりくだり，間接的に相手に敬意を表す言葉<br>・丁寧語…言葉や文章の言い回しを丁寧にし，相手に敬意を表す言葉 |

設問2

| 解答 | 1．イ　　2．ア　　3．イ　　4．イ　　5．ア |
|---|---|
| 解説 | 1．「いただかれましたか」が不適当です。「召し上がりましたか」が適当です。<br>3．「拝見しますか」が不適当です。「ご覧になりましたか」が適当です。「拝見する」は謙譲語です。課長に対しては尊敬語の「ご覧になる」を使用します。<br>4．「申しておりました」が不適当です。「おっしゃっていました」が適当です。「申す」は謙譲語ですので，店長のご友人に対しては尊敬語の「おっしゃる」を使用します。 |

設問3

| 解答 | 1．ア　　2．ア　　3．イ　　4．イ　　5．イ |
|---|---|
| 解説 | 3．悪い知らせやマイナス情報は，できるだけ早く報告します。<br>4．簡潔に，「結論→理由→経過」の順に報告します。<br>5．指示・命令を出した本人に報告します。 |

設問4

| 解答 | イ |
|---|---|
| 解説 | 　稟議書は，関係者に案件を回して承認や決裁を求める文書です。社内文書は，社内で用件が迅速に正確に伝達されることが求められます。儀礼的な表現はできるだけ省き，誰が読んでも分かりやすい形で書くことが大切です。 |

設問5

| 解答 | ウ |
|---|---|
| 解説 | ア．発信日付は，年月日で書きます。一般的には元号を用います。<br>イ．受信者名は，「営業部長」など役職名を書き，氏名はつけません。<br>エ．本文は，文書の目的を簡潔にまとめて書きます。「標記の件につきまして，下記のとおり」など「記」書きにして，文書内容を正確に分かりやすくするため箇条書きを活用します。<br>オ．担当者名は，直接の担当者名（部署名）と連絡先（内線番号・メールアドレス）を書きます。 |

設問6

| 解答 | ア |
|---|---|
| 解説 | イ．上司から指導されたことは，必ずその場でメモをとり，同じ注意や指導を受けないようにします。<br>ウ．上司の指示で判断に迷うことがあれば，上司に確認するようにします。<br>エ．報告をするときは，上司の都合に合わせるようにします。<br>オ．上司から仕事を頼まれたら，喜んで引き受けるようにします。 |

第3問　【ビジネスマナー】

設問1

| 解答 | 1．ア　　2．イ　　3．イ　　4．イ　　5．ア |
|---|---|
| 解説 | 2．電話が鳴ったら，なるべく早く電話に出ます。なかなか電話がつながらない会社は悪印象を与えかねません。<br>3．内線電話は社内の人から掛かってきた電話のことで，外線電話は取引先や顧客など外から掛かってきた電話をいいます。内線電話と外線電話が同時に掛かってきたときは，外線電話を優先します。<br>4．「おはようございます」と言って出るのは，一般的には朝10時頃までです。 |

設問2

| 解答 | 1．ア　　2．ア　　3．イ　　4．ア　　5．イ |
|---|---|
| 解説 | 3．書類が机の上に出されたままになっていたら，書類を整理して片付けます。同僚のロッカーはプライベートな部分でもあるため，本人の了承なしに開けません。<br>5．機密文書をコピーするときは，流出を防ぐため必要枚数のみをコピーします。 |

設問3

| 解答 | 1．イ　　2．ア　　3．ア　　4．ア　　5．イ |
|---|---|
| 解説 | 1．客が来社したときは，すぐに立ち上がり相手の目を見て笑顔で挨拶をします。座ったままで応対するのは客に失礼となります。<br>5．応接室では，入口から一番遠い位置にある上座を勧めるようにします。 |

設問4

| 解答 | 1．オ（喪主）　　　2．ウ（社葬）　　　3．ア（通夜）　　　4．イ（葬儀）<br>5．エ（弔電） |
|---|---|
| 解説 | 　この他，次の弔事用語も合わせて覚えましょう。<br>・訃報・・・人が亡くなったという知らせ。<br>・供物・・・故人をしのび神仏に供えるもののこと。<br>・供花・・・故人をしのび神仏に供える花のこと。<br>・弔問・・・お悔やみを述べるために訪問すること。<br>・告別式・・・会社関係者，友人，知人などの一般の人々が故人に最後の別れを告げる儀式<br>　　　　　のこと。ビジネス上の付き合いだけであれば告別式に参列します。<br>・密葬・・・身内や親しい友人などだけで執り行う葬儀のこと。 |

設問5

| 解答 | ア |
|---|---|
| 解説 | 　会社に届いた郵便物は，その内容により仕分けを行い各担当者に渡します。「公信」は会社関係の郵便のため開封します。「私信」は，私用の通信物のため開封しません。その他，「親展」「書留」も開封しません。 |

設問6

| 解答 | エ |
|---|---|
| 解説 | 　上司，先輩と一緒にタクシーに乗るとき，席次の順番は，上司，先輩，自分となります。タクシーの上座は，運転席の後部座席，助手席の後部座席，後部座席の真ん中，助手席の順となります。従って，もっとも適当な席は以下となります。<br>上司は，運転席の後部座席であるD<br>先輩は，助手席の後部座席であるB<br>自分は，助手席のA |

第1問【社会常識】

設問1

| 解答 | 1．ウ（達成）　　　2．イ（重宝）　　　3．イ（介入）　　　4．ア（我慢）<br>5．イ（借金） |
|---|---|
| 解説 | 1．「成就」「達成」は，物事を成し遂げることを意味します。<br>2．「便利」「重宝」は，役に立ってありがたいことを意味します。<br>3．「関与」「介入」は，ある物事にかかわることを意味します。<br>4．「忍耐」「我慢」は，苦しさなどの感情を抑えて耐え忍ぶことを意味します。<br>5．「負債」「借金」は，債務，借りているお金のことを意味します。 |

設問2

| 解答 | 1．ウ（凡人）　　　2．エ（閉鎖）　　　3．オ（加害）　　　4．ア（放任）<br>5．イ（需要） |
|---|---|
| 解説 | 1．優れた人の「偉人」に対し，普通の人やつまらない人の「凡人」<br>2．開け放つ「開放」に対し，閉じて出入りをできないようにする「閉鎖」<br>3．損害や傷害を受ける「被害」に対し，それらを加える「加害」<br>4．他人のことに立ち入ってかかわる「干渉」に対し，かかわらない「放任」<br>5．必要に応じて物を与える「供給」に対し，求める「需要」 |

設問3

| 解答 | 1．ウ（山梨）　　　2．イ（青森）　　　3．ウ（三重）　　　4．エ（岡山）<br>5．オ（鹿児島） |
|---|---|
| 解説 | 1．山梨県は甲信越地方に位置し，県庁所在地は甲府市<br>2．青森県は東北地方に位置し，県庁所在地は青森市<br>3．三重県は東海地方に位置し，県庁所在地は津市<br>4．岡山県は中国地方に位置し，県庁所在地は岡山市<br>5．鹿児島県は九州地方に位置し，県庁所在地は鹿児島市 |

設問4

| 解答 | 1．エ（関係）　　　2．イ（道徳）　　　3．ア（無限）　　　4．エ（単位）<br>5．イ（展示） |
|---|---|
| 解説 | 　カタカナ用語は，ビジネスシーンでは非常によく使用されます。問題以外にも，アポイントメント（予約／約束），クリエイティブ（創造的／独創的），セールスプロモーション（販売促進）など非常に多くの言葉が使われています。必要以上にカタカナ用語を使用する必要はありませんが，相手が発言の中で使用された場合など，正しく理解して意思疎通を円滑に図るためにも大切です。 |

設問5

| 解答 | 1．イ　　2．ア　　3．イ　　4．ア　　5．ア |
|---|---|
| 解説 | 1．各自衛隊を管轄する中央省庁は，防衛省です。<br>3．企業の四大経営資源は，ヒト（人材）・モノ（設備）・カネ（資金）・ナレッジ（情報）です。 |

設問6

| 解答 | 1．オ（14枚）　　　　2．ア（3kg）　　　　3．エ（36km）　　　　4．イ（20%）<br>5．ウ（2,850円） |
|---|---|
| 解説 | 1．$36 \div 4 = 9$<br>　　　$9 + 5 = 14$（枚）<br>2．$12 : 4 = x : 1$<br>　　　　　$4x = 12$　　　$x = 3$（kg）<br>3．$9 - 6 = 3$　　$12 \times 3 = 36$（km）<br>4．$120 + 30 = 150$　　　$30 \div 150 \times 100 = 20$（%）<br>5．$100 - 25 = 75$<br>　　$3,800 \times 75 \div 100 = 2,850$（円） |

第2問【コミュニケーション】

設問1

| 解答 | 1．イ（本人）　　　　2．エ（早く）　　　　3．オ（中間）　　　　4．ア（結論）<br>5．ウ（タイミング） |
|---|---|
| 解説 | 　報告のポイントは次のとおりです。<br>①　仕事が終わったらすみやかに報告する。<br>②　状況に応じて中間報告をする。<br>③　悪い知らせやマイナス情報ほど早く報告する。<br>④　指示・命令を出した本人に報告する。<br>⑤　相手の状況を見て，タイミングを見極める。<br>⑥　簡潔に「結論→理由→経過」の順に報告する。 |

設問2

| 解答 | 1．イ　　2．イ　　3．ア　　4．イ　　5．ア |
|---|---|
| 解説 | 1．「持ってきてください」が不適当です。「お持ちください」が適当です。<br>2．「見えられたので」が不適当です。「お見えになりましたので」が適当です。<br>4．「ご苦労様でした」が不適当です。「ご苦労様」は目上の人が目下の人をねぎらうときの言葉遣いです。「お疲れ様でした」または「お疲れ様でございました」が適当です。 |

設問3

| 解答 | 1．ア　2．イ　3．イ　4．ア　5．イ |
|---|---|
| 解説 | 2．挨拶は，自分からするようにします。<br>3．挨拶をするときは，誰に対しても笑顔を心がけます。<br>5．退社するときは，周りの人に声をかけて帰るようにします。<br>　コミュニケーションの目的は，お互いが相手のことを理解し，自分のことも理解してもらうことです。一方通行ではなく，双方向に円滑にコミュニケーションすることで，お互いの理解が深まり，人間関係が良くなり，信頼を築くことができます。 |

設問4

| 解答 | ウ |
|---|---|
| 解説 | 　社内文書は，頭語や時候の挨拶などの前文を省きます。社内文書には，社内で用件が迅速かつ正確に伝達されることが求められます。儀礼的な表現はできるだけ省き，誰が読んでも分かりやすい形で書くことが大切です。 |

設問5

| 解答 | イ |
|---|---|
| 解説 | 　「4月1日以降」は，4月1日を含みます。<br>　正確な文章が書けるように，「以上」「未満」「超」などの基本的な表現方法を学びましょう。<br>例）・1万円以下　→　1万円を含み，それより下ということ<br>　　・課長以上　→　課長を含み，それより上ということ<br>　　・5万円未満　→　5万円を含まないということ<br>　　・100名超　→　100名は含まず，それより上ということ |

設問6

| 解答 | エ |
|---|---|
| 解説 | 　「大阪支店御一同様」が不適当です。「大阪支店各位」が適切です。同じ文書を複数の人に出すときは「各位」とします |

第3問　【ビジネスマナー】

設問1

| 解答 | 1．イ　2．ア　3．イ　4．ア　5．ア |
|---|---|
| 解説 | 1．来客の服装や外見などで態度を変えるのは相手に失礼となります。来客には公平に接します。<br>3．よく来社する顔なじみの来客であれば，相手に同じことを何度も言わせることのないよう柔軟に対応します。 |

設問2

| 解答 | 1．ア　2．ア　3．イ　4．イ　5．イ |
|---|---|
| 解説 | 3．相手の連絡先は伝言メモに書くようにします。<br>4．伝言メモの用件は，5W3H（いつ，どこで，誰が，何を，なぜ，どのように，どれくらい，いくら）にそって事実をメモします。<br>5．電話を受けた日時を記載します。年や場所は不要です。 |

設問3

| 解答 | 1．ア　　2．イ　　3．イ　　4．ア　　5．イ |
|---|---|
| 解説 | 2．業務中に上司がそばに来て話しかけてきたときは，手を止めて立ち上がって聞くようにします。<br>3．エレベーターでは，周囲の人に利用階を聞き，ボタンを押すなどの気配りをします。<br>5．パソコンを開くパスワードは，取り扱いに注意し，他の人に分からないように保管します。 |

設問4

| 解答 | 1．ア（DM）　　　　　　2．オ（ゆうメール）　　　3．ウ（ゆうパック）<br>4．イ（料金受取人払）　　5．エ（一般書留） |
|---|---|
| 解説 | 　郵便はそれぞれの特徴を知り，適切な使い分けができるようにしましょう。<br>1．「DM」は，郵便やメールなどを利用して個人あるいは法人あてに送る広告です。<br>2．「ゆうメール」は，本やカタログ，ＣＤなどの電子記録媒体などを割安に送付できます。信書は送付できません。<br>3．「ゆうパック」は，重さや大きさが通常郵便を超えるときに利用します。長さ，幅，厚さ，重さが定められています。<br>4．「料金受取人払」は，返信する場合に，受取人が郵便料金を支払います。回収率の低いアンケート調査などの返信などに利用します。<br>5．「一般書留」は，商品券，小切手，為替などの貴重品を送るときに利用します。配送過程をすべて記録し，万一郵便物が破損したり，届かない場合には規定に従い賠償を受けられます。 |

設問5

| 解答 | ウ |
|---|---|
| 解説 | 　鉢植えは，「根づく」が「寝づく」を連想させ縁起が悪いとされています。切り花かフラワーアレンジメントなどが好ましいです。匂いの強いものや花弁の散るものは避けます。シクラメンも「死・苦」を連想させるので避け，葬儀に用いる菊も避けます。規則で花を持ち込めない病院も増えていますので，前もって調べておきましょう。 |

設問6

| 解答 | エ |
|---|---|
| 解説 | 　横書き文書は左斜め上を留めます。縦書き文書は右斜め上を留めます。 |

第1問【社会常識】

設問1

| 解答 | 1．ウ（薄情）　　　　2．エ（寄与）　　　　3．オ（手本）　　　　4．ウ（納得）<br>5．ア（要点） |
| --- | --- |
| 解説 | 1．「冷淡」「薄情」は，人情に薄いこと，思いやりのないことを意味します。<br>2．「貢献」「寄与」は，社会や人のために役に立つことを意味します。<br>3．「模範」「手本」は，見習うべきものを意味します。<br>4．「了解」「納得」は，他人の考えや行動などを十分に理解して承知することを意味します。<br>5．「骨子」「要点」は，全体を構成する上で重要な部分を意味します。 |

設問2

| 解答 | 1．イ（人工）　　　　2．ア（束縛）　　　　3．ウ（弟子）　　　　4．エ（否決）<br>5．エ（温暖） |
| --- | --- |
| 解説 | 1．人の手が加わっていない「自然」に対し，手が加わる「人工」<br>2．思いのまま，制限を受けない「自由」に対し，制限をする「束縛」<br>3．技能や学問を教える「師匠」に対し，教えを受ける「弟子」<br>4．会議などで提出された議案を承認する「可決」に対し，承認しない「否決」<br>5．気候が冷え冷えとして寒い「寒冷」に対し，暖かな「温暖」 |

設問3

| 解答 | 1．ウ（兵庫）　　　　2．エ（群馬）　　　　3．エ（香川）　　　　4．オ（宮城）<br>5．ウ（三重） |
| --- | --- |
| 解説 | 1．兵庫県は近畿地方に位置し，姫路城や淡路島などの観光地が有名<br>2．群馬県は関東地方に位置し，赤城山や榛名山（はるなさん）などの観光地が有名<br>3．香川県は四国地方に位置し，小豆島や金刀比羅宮（ことひらぐう）などの観光地が有名<br>4．宮城県は東北地方に位置し，青葉城や松島などの観光地が有名<br>5．三重県は東海地方に位置し，伊勢神宮や熊野古道などの観光地が有名 |

設問4

| 解答 | 1．エ（論理的な）　　　2．ア（選択）　　　3．オ（指針）　　　4．イ（世代）<br>5．ウ（援助） |
| --- | --- |
| 解説 | 　日常生活において，かなりの頻度で使用されるカタカナ用語は多く存在しています。特定の領域や分野にだけ限って使用されるものもありますが，他者とコミュニケーションを円滑にするためにも，正しく意味を理解し的確に使用できるようにしましょう。 |

設問5

| 解答 | 1．ア　　　2．ア　　　3．イ　　　4．ア　　　5．イ |
|---|---|
| 解説 | 3．個人情報保護法は，個人を特定できる情報の適切な取り扱いを官公庁や民間企業に対して義務付けることで，不特定の第三者へ個人情報が漏れて悪用されないようにするための法律です。<br>5．業務に関する特別な知識や深い経験などから身に付けるスキルは「テクニカルスキル」です。 |

設問6

| 解答 | 1．エ　　　2．オ　　　3．イ　　　4．イ　　　5．エ |
|---|---|
| 解説 | 1．1,800－1,260＝540<br>　　540÷1,800×100＝30（％）<br>2．60×40÷150＝16（枚）<br>3．60×8÷10＝48（m）<br>4．（50×10＋150×8）÷100＝17（g）<br>5．1,400×1.15＝1,610（円） |

第2問【コミュニケーション】

設問1

| 解答 | 1．オ（代表）　　　　2．イ（態度）　　　　3．ア（清潔感）　　　　4．ウ（機能的）<br>5．エ（調和） |
|---|---|
| 解説 | 　身だしなみのポイントは次のとおりです。<br>・清潔感があること。襟元や袖口の汚れ，裾のほつれ，靴の泥汚れなどには気を配ります。<br>・機能的であること。仕事の場であることを考え，動きやすくビジネスにふさわしい服装にします。<br>・控えめであること。相手から信頼される身だしなみを心がけます。<br>・調和していること。自分の立場や場所をわきまえ，周囲と調和した服装を心がけます。 |

設問2

| 解答 | 1．イ　　　2．ア　　　3．イ　　　4．イ　　　5．ア |
|---|---|
| 解説 | 1．「拝借したい」が不適当です。尊敬語の「お借りになりたい」が適当です。<br>3．「拝見しますか」が不適当です。課長には尊敬語を使い「ご覧になりますか」が適当です。<br>4．「持参なさいますか」が不適当です。「持参する」は謙譲語のため「お持ちになりますか」が適当です。 |

設問3

| 解答 | 1．イ　　　2．ア　　　3．イ　　　4．ア　　　5．イ |
|---|---|
| 解説 | 1．文書番号は文書作成を担当した部署と番号を表記しますが，それぞれの会社によって決められていて必ず必要ではありません。<br>3．発信者は文書を発信する人を書きます。担当者名は直接の担当者名と連絡先などを書きます。発信者名と担当者名は，必ず同じとは限りません。<br>5．社内文書では頭語や時候の挨拶などの前文は省きます。 |

設問4

| 解答 | エ |
|---|---|
| 解説 | 　円グラフの項目は，原則比率の大きい順に，基線から時計回りで記入します。<br>　グラフに記入する必要事項は次のとおりです。<br>・標題，タイトルをつける<br>・引用資料の出所（調査機関名，調査時期など）を書く<br>・単位をつける<br>・基底を0にして，数値が空きすぎるところは中断記号を使う |

設問5

| 解答 | イ |
|---|---|
| 解説 | 　傾聴とは，話し手の内容に耳を傾け熱心に聴くことです。相手の立場に立って，相手の真意を聞き取ることが大切です。傾聴するには，相手の話をしっかり聞き，自分を抑えることが重要です。上手な聞き手になることで，相手は心を開き，熱心に話してくれるようになります。<br>　傾聴のポイントは次のとおりです。<br>・あいづちを打つ<br>・アイコンタクトをとる<br>・うなずく |

設問6

| 解答 | ウ |
|---|---|
| 解説 | 　ポイントが伝わりやすいように，相手が聞きたいことや結論は初めに話します。「結論→理由→経過」の順に報告します。 |

第3問　【ビジネスマナー】

設問1

| 解答 | 1．ア　　　2．イ　　　3．イ　　　4．ア　　　5．イ |
|---|---|
| 解説 | 2．上司が離席しているときは，相手に現状を伝え意向を伺います。<br>3．相手から急用と言われたときは，一旦電話を切り，すぐに上司に連絡を取り指示を仰ぎます。電話の相手には私用の携帯電話の番号は知らせません。<br>5．上司が休みのときは，休みを取っていることや出社予定日を伝えます。ただし，休みの理由は個人情報となるため伝える必要はありません。 |

設問2

| 解答 | 1．イ　　　2．イ　　　3．イ　　　4．ア　　　5．ア |
|---|---|
| 解説 | 1．交通機関の乱れや，出社後の準備に必要な時間も計算に入れて，10分ほど前には出社します。<br>2．就業中の雑談や私用の電話は慎むようにします。<br>3．交通機関の乱れにより遅刻してしまう場合は，上司になるべく早く連絡をします。 |

設問3

| 解答 | 1．イ　　　2．ア　　　3．ア　　　4．イ　　　5．ア |
|---|---|
| 解説 | 1．接待は，わざわざ足を運んでくれた来客に対して心を込めてもてなすものです。お茶を事前に出しておくのは失礼となります。来客の前でお茶を供します。<br>4．予約客が遅れて来社したときは，理由を聞かず，すぐに取り次ぐようにします。 |

設問4

| 解答 | 1．ア（客）　　　2．イ（部）　　　3．オ（脚）　　　4．ウ（膳）<br>5．エ（紙） |
|---|---|
| 解説 | この他の物の数え方は次のとおりです。<br>・手紙・・・通<br>・会議・・・件<br>・エレベーター・・・台・基<br>・小説・・・編<br>・寄付・・・口<br>・銀行・・・行 |

設問5

| 解答 | ウ |
|---|---|
| 解説 | 　往復はがきの返信のあて名は，個人名の下に書いてある「行」の文字を二重線で消し「様」と書いて送るようにします。 |

設問6

| 解答 | オ |
|---|---|
| 解説 | 　外側の折り返しの重なりは，不幸や悲しみが流れていくようにという意味で下向きにします。<br>　また，不祝儀袋の上書きは宗教によって異なります。全ての宗教に共通するのが「御霊前」です。水引は黒白か銀一色が一般的で，二度と繰り返さない「結び切り」とします。表書きは「涙で薄くなる」との気持ちを込めて薄い墨で書きます。 |

第1問【社会常識】

設問1

| 解答 | 1．イ（倫理）　　　2．エ（手腕）　　　3．イ（不意）　　　4．オ（遺憾）<br>5．エ（気概） |
|---|---|
| 解説 | 1．「道徳」「倫理」は，善悪の基準として守るべきことを意味します。<br>2．「力量」「手腕」は，物事を成し遂げる力を意味します。<br>3．「突然」「不意」は，思いがけないことを意味します。<br>4．「残念」「遺憾」は，期待したようにならずに心残りであることを意味します。<br>5．「意欲」「気概」は，何があってもやり抜くという強い気持ちを意味します。 |

設問2

| 解答 | 1．オ（冷遇）　　　2．ア（妨害）　　　3．イ（強固）　　　4．オ（完備）<br>5．イ（欠乏） |
|---|---|
| 解説 | 1．手厚くもてなす「優遇」に対し，冷たい扱いをする「冷遇」<br>2．力を貸して助ける「支援」に対し，邪魔をする「妨害」<br>3．しっかりとせず弱い様子の「軟弱」に対し，しっかりとして強い「強固」<br>4．必要なものが備わっていない「不備」に対し，完全に備わっている「完備」<br>5．豊かである「豊富」に対し，不足する「欠乏」 |

設問3

| 解答 | 1．ウ（島根）　　　2．ウ（滋賀）　　　3．ア（石川）　　　4．イ（京都）<br>5．オ（群馬） |
|---|---|
| 解説 | 1．島根県は中国地方に位置し，出雲大社や津和野などの観光地が有名<br>2．滋賀県は近畿地方に位置し，琵琶湖や近江八幡などの観光地が有名<br>3．石川県は北陸地方に位置し，能登半島や兼六園などの観光地が有名<br>4．京都府は近畿地方に位置し，清水寺や金閣寺などの観光地が有名<br>5．群馬県は関東地方に位置し，赤城山や榛名山などの観光地が有名 |

設問4

| 解答 | 1．ウ（公式の）　　　2．オ（理論）　　　3．ウ（積極的）　　　4．ア（反応）<br>5．エ（無作為） |
|---|---|
| 解説 | 　今回出題されているポジティブ（積極的）やレスポンス（反応／応答）などは，ビジネスの場では日本語同様に使用されているともいえます。相手の発言の中で使われた際に理解できることが，意思疎通を円滑に進めるためにも求められます。 |

設問5

| 解答 | 1．ア　　2．ア　　3．イ　　4．ア　　5．イ |
|---|---|
| 解説 | 3．国民総生産はGNP（Gross National Product）で，一定期間に一国民によって生み出された付加価値の総計で，問題文は国内総生産であるGDPの説明です。GNPは，これまで景気を測る指標として利用されてきましたが，国民総所得であるGNI（Gross National Income）が新たに導入されたことにより，今日ではGDPの方を重視するようになっています。<br>5．日本の経済三団体は，日本経済団体連合会，経済同友会と日本商工会議所です。 |

設問6

| 解答 | 1．ア　　2．エ　　3．エ　　4．イ　　5．ウ |
|---|---|
| 解説 | 1．$27 \div 180 \times 100 = 15$（％）<br>2．$5 \times 60 \div 2 = 150$（人）<br>3．$2,400 \div 60 = 40$<br>　　$2,480 \div 40 = 62$（分）<br>4．$5x + 3 = 7x - 9$<br>　　$x = 6$（人）<br>5．$3,800 \times (1 - 0.25) = 2,850$（円） |

第2問【コミュニケーション】

設問1

| 解答 | 1．オ（渡す）　　2．イ（目）　　3．エ（両手）　　4．ウ（正面）<br>5．ア（受け取る） |
|---|---|
| 解説 | 　物の受け渡しでは，次のことに気をつけましょう。<br>・胸の高さで両手で行います<br>・相手から見て正面に向けて渡します<br>・渡すときも受け取るときも相手の目を見ます<br>・渡すときは「よろしくお願いいたします」，受けるときは「ありがとうございます」などと言葉をそえます |

設問2

| 解答 | 1．イ　　2．ア　　3．イ　　4．ア　　5．ア |
|---|---|
| 解説 | 1．「ご苦労さまでした」が不適当です。上位者に「ご苦労さま」は失礼になりますので，「お疲れさまでした」「お疲れさまでございました」が適当です。<br>3．「出席いたした」が不適当です。「出席なさった」が適当です。「いたす」は謙譲語ですので，課長に対しては尊敬語の「なさる」を使用します。 |

設問3

| 解答 | 1．ア　　2．ア　　3．イ　　4．イ　　5．ア |
|---|---|
| 解説 | 3．上司の指示・内容は途中でさえぎらず，最後まで集中して聞きます。<br>4．メモにそって，要点を復唱・確認します。上司に言われたかどうかの判断ではありません。 |

設問4

| 解答 | ウ |
|---|---|
| 解説 | 　報告書は，調査や業務に関わる経過や結果を報告します。社内文書は，社内で用件が迅速に正確に伝達されることが求められます。儀礼的な表現はできるだけ省き，誰が読んでも分かりやすい形で書くことが大切です。 |

設問5

| 解答 | エ |
|---|---|
| 解説 | 　双方向の円滑なコミュニケーションを行うためには，傾聴は重要なことです。同時に自分の考えや思いを，相手にわかりやすく伝えることも大切です。相手の話から真意を汲み取り，自分のことも相手に伝わるような話し方を心掛け，傾聴と主張のバランスを上手に取ることが重要です。 |

設問6

| 解答 | イ |
|---|---|
| 解説 | ア．「お邪魔いたします」と初めから決めつけるのは不適当です。<br>ウ．「今はご都合が悪いかと思いますが」が不適当です。至急確認したいことがあることを伝えるようにします。<br>エ．「重要な件がございますので」と言い切ってしまうのは不適切です。<br>オ．「すいません」はビジネスの場では不適切です。 |

第3問　【ビジネスマナー】

設問1

| 解答 | 1．イ　　　2．ア　　　3．ア　　　4．イ　　　5．イ |
|---|---|
| 解説 | 1．上司が話しかけてきたときは，立ち上がり手を止めて聞くようにします。<br>4．クールビズの期間中であっても職場にふさわしいオフィスカジュアルを心がけます。<br>5．帰社するときは，机の上を整理して必要最小限のものだけを置きます。 |

設問2

| 解答 | 1．ア　　　2．イ　　　3．ア　　　4．イ　　　5．ア |
|---|---|
| 解説 | 2．面談予約のない来客には，会社名・名前・用件を聞くようにします。<br>4．取り次ぐ際，紹介状は開封しないで名指し人に渡します。 |

設問3

| 解答 | 1．ア　　　2．イ　　　3．イ　　　4．ア　　　5．ア |
|---|---|
| 解説 | 2．迅速に対応することは大切ですが，専門用語や略語を使うことで伝わりにくくなることもあります。お互い理解しやすい言葉を使います。<br>3．明るく，適切な声の大きさで，一語一語はっきり丁寧に，相手のペースに合わせて話すようにします。 |

設問4

| 解答 | 1．エ（訃報）　　　2．オ（供物）　　　3．イ（弔電）　　　4．ウ（通夜） |
|---|---|
| | 5．ア（法事） |
| 解説 | 　人が亡くなったという知らせは突然受けるものですが，迅速な対応と細やかな配慮が必要です。弔事に際してはさまざまな決まり事や表現があるためマナーを心得て対応することが求められます。 |

設問5

| 解答 | オ |
|---|---|
| 解説 | 　契約書など，紛失しないように確実に送りたいときは「簡易書留」を利用します。「ゆうメール」は，本やカタログ，ＣＤなどの電子記録媒体を割安に送りたいときに利用します。 |

設問6

| 解答 | エ |
|---|---|
| 解説 | 　上座とは，その場で一番心地よく安全に過ごせる場所のことです。一般的には目上の人やお客様が座る席です。応接室でも席次という考え方があり配慮することが求められます。応接室の場合，上座は出入口から一番離れた位置にある席（ソファ）となります。設問のイラストの場合，出入口から最も遠い席となるエが正解となります。 |
| | 　また，アのスツールは，肘掛けも背もたれもない平坦な椅子のことで，来客には不向きです。 |

第1問【社会常識】

設問1

| 解答 | 1．オ（近辺）　　　2．ウ（不足）　　　3．イ（傑出）　　　4．ア（変遷）<br>5．エ（生涯） |
|---|---|
| 解説 | 1．「付近」「近辺」は，近くの場所，そのあたりを意味します。<br>2．「欠乏」「不足」は，足りないことや貧しいことを意味します。<br>3．「卓越」「傑出」は，とび抜けて優れていることを意味します。<br>4．「推移」「変遷」は，時の流れとともに移り変わることを意味します。<br>5．「終生」「生涯」は，一生を意味します。 |

設問2

| 解答 | 1．ウ（寡黙）　　　2．ウ（統一）　　　3．ア（細心）　　　4．エ（抑制）<br>5．オ（雑然） |
|---|---|
| 解説 | 1．口数の多い「多弁」に対し，少ない「寡黙」<br>2．複数に分かれる「分裂」に対し，一つにまとまる「統一」<br>3．物事を恐れない「大胆」に対し，細かなところまで心が行き届く「細心」<br>4．物事が早くはかどるように促す「促進」に対し，抑えとどめる「抑制」<br>5．秩序正しく整っている「整然」に対し，まとまりなく整理されていない「雑然」 |

設問3

| 解答 | 1．ウ（愛知）　　　2．イ（岩手）　　　3．ウ（沖縄）　　　4．イ（長野）<br>5．オ（秋田） |
|---|---|
| 解説 | 1．愛知県は東海地方に位置し，名古屋城などの観光地や特産品の味噌も有名<br>2．岩手県は東北地方に位置し，遠野などの観光地やわんこそばも有名<br>3．沖縄県は最南端に位置し，石垣島や首里城などの観光地が有名<br>4．長野県は甲信越地方に位置し，軽井沢や上高地などの観光地が有名<br>5．秋田県は東北地方に位置し，竿燈（竿灯）まつりや特産品のきりたんぽも有名 |

設問4

| 解答 | 1．ア（使命）　　　2．エ（保留）　　　3．イ（合意）　　　4．オ（式典）<br>5．ウ（専門家） |
|---|---|
| 解説 | 　カタカナ用語は，ビジネスシーンでは非常によく使用されます。今回の問題以外にも，インフォーマル（非公式／略式），コラボレーション（協力／協業），サプライ（供給），ダウンサイジング（小型化），フレキシブル（柔軟な），メンテナンス（保守／維持）など非常に多くの言葉が使われています。必要以上にカタカナ用語を使用する必要はありませんが，相手が発言の中で使用された場合など，正しく理解して意思疎通を円滑に図るためにもしっかり覚えておきましょう。 |

設問5

| 解答 | 1．ア　　　2．ア　　　3．イ　　　4．ア　　　5．イ |
|---|---|
| 解説 | 3．林野庁・水産庁を管轄している中央省庁は，農林水産省です。<br>5．マイナンバー制度は，社会保障や税に関する情報を一元的に管理することによって，適正な課税や社会保障の給付など公平性と透明性を高めるとともに，事務効率を促進する目的から導入されました。問題文は個人情報保護法の説明の一部で，個人情報保護法は官公庁だけでなく民間企業に対しても義務付けられています。 |

設問6

| 解答 | 1．ウ　　　2．ア　　　3．エ　　　4．イ　　　5．エ |
|---|---|
| 解説 | 1．$300 \times 0.2 \times 100 = 6,000$（円）<br>2．$54 \div 3 = 18$（枚）<br>3．女子をxとすると男子は$57-x$<br>　　よって$57-x = 0.9x$　　$1.9x = 57$　　$x = 30$<br>　　女子30人<br>4．$(70 \times 0.1) + (150 \times 0.6) = 7+9 = 16$（g）<br>5．$5x-5 = 4x+2$<br>　　$x = 7$（人） |

第2問【コミュニケーション】

設問1

| 解答 | 1．エ（瞬時）　　　2．イ（明るい）　　　3．ア（好感）　　　4．オ（視覚情報）<br>5．ウ（聴覚情報） |
|---|---|
| 解説 | 　第一印象の決定要素に関しては，メラビアンの法則から視覚情報（55%），聴覚情報（38%），言語情報（7%）といわれています。この数字からも，話に説得力を持たせるためには言葉以外の伝達要素が非常に重要だということが分かります。声の大きさ，話すテンポ，アイコンタクト，姿勢，表情などに気を付けることが大切です。 |

設問2

| 解答 | 1．ア　　　2．イ　　　3．イ　　　4．ア　　　5．イ |
|---|---|
| 解説 | 2．「申されました」が不適当です。「おっしゃいました」が適当です。<br>3．「見えられました」が不適当です。「お見えになりました」が適当です。<br>5．「私は知りませんが，部長は知っていますか」が不適当です。「私は存じませんが，部長はご存じでいらっしゃいますか」が適当です。 |

設問3

| 解答 | 1．ア　　　2．ア　　　3．イ　　　4．イ　　　5．イ |
|---|---|
| 解説 | 3．最初に結論を話し，その後に理由や具体例を話します。<br>4．自分勝手な先入観をもたないで，相手の真意を汲み取ります。<br>5．うなずく，あいづちを打つなど，相手の話を熱心に聞きます。 |

第54回3級－解答・解説2

115

設問4

| 解答 | オ |
|---|---|
| 解説 | 　担当者名は，直接の担当者名と連絡先（内線番号・メールアドレス）にします。発信者名と必ず同じとは限りません。 |

設問5

| 解答 | ウ |
|---|---|
| 解説 | 　「2，3枚」が不適当です。「二，三枚」が適当です。<br>　日付・数量・番号・金額などはアラビア数字で書きますが，次のような場合は漢数字で書きます。<br>・固有名詞（地名，人名，会社名）⇒　九州，四国など<br>・成語（慣用的に用いられる言葉，熟語）⇒　一般的，四捨五入など<br>・概数（はっきりしない数字）⇒　二，三か所など<br>・ヒト・フタ・ミと読むとき ⇒　一言，お二人，三日など<br>・ケタの大きな数字 ⇒　万，億，兆など |

設問6

| 解答 | イ |
|---|---|
| 解説 | ア．指示や命令を出した本人に報告や確認をします。<br>ウ．仕事が終わったらすみやかに報告します。<br>エ．指示された仕事は責任を持って行います。<br>オ．課長を自席に呼ぶのではなく，課長席まで行って確認をしてもらいます。 |

第3問　【ビジネスマナー】

設問1

| 解答 | 1．イ　　　2．ア　　　3．ア　　　4．ア　　　5．イ |
|---|---|
| 解説 | 1．やむを得ない事情のため早退するときは，上司になるべく早く伝え了承を得るようにします。<br>5．自分の仕事が終わって余裕がある状態であれば，同僚を気遣い何か手伝うことはないか聞いてみます。帰る時は挨拶をして配慮の言葉を掛けます。 |

設問2

| 解答 | 1．ア　　　2．イ　　　3．イ　　　4．イ　　　5．ア |
|---|---|
| 解説 | 2．廊下では，案内人は来客の二，三歩斜め前を来客の歩調に合わせて歩くようにします。<br>3．階段では，案内人は壁側を，来客は手すり側を歩きます。<br>4．エレベーターでは，案内人は開閉ボタンを押して扉が開いた状態にし，来客から先に降りてもらいます。 |

設問3

| 解答 | 1．イ　　　2．ア　　　3．ア　　　4．イ　　　5．ア |
|---|---|
| 解説 | 1．伝言メモは，受け取る相手が読めるように丁寧に書きます。<br>4．伝言メモには，事実を記入します。相手の様子や電話を受けた感想を書く必要はありません。 |

設問4

| 解答 | 1．オ（料金受取人払）　　　2．ウ（公信）　　　3．ア（ゆうメール）<br>4．エ（簡易書留）　　　5．イ（親展） |
|---|---|
| 解説 | 　郵便はそれぞれの特徴を知り，適切な使い分けができるようにしましょう。<br>1．回収率の低いアンケート調査の返信などは「料金受取人払」を利用します。<br>2．会社や役所に関わる手紙や文書を「公信」といいます。<br>3．本やカタログ，ＣＤなどの電子機器媒体を割安に送るときには「ゆうメール」を利用します。<br>4．秘文書や，商品券など少額のものを確実に送る必要のあるときは「簡易書留」を利用します。また，万一郵便物が破損したり，届かない場合に原則として５万円まで賠償を受けられます。<br>5．個人情報や機密内容が書かれた文書など，あて名人自身に開けてほしい場合，「親展」と記載して送ります。 |

設問5

| 解答 | ア |
|---|---|
| 解説 | 　縁起の良い吉日とされ結婚式など執り行うにはふさわしいといわれている日は「大安」です。 |

設問6

| 解答 | エ |
|---|---|
| 解説 | 　職場環境を整えることで，仕事を効率よく行うことができます。さまざまな事務器機・オフィス家具の知識をもちましょう。<br>アは，「プロジェクター」です。スクリーンに投影する機器のことです。<br>イは，「クリップ」です。少量の書類をまとめる文具のことです。<br>ウは，「シュレッダー」です。機密文書などは，細断，破棄します。<br>オは，「ホワイトボード」です。会議などで文字や図・イラストなど書き示し使用します。 |

ご 注 意

① 本書は，「著作権法」によって，著作権等の権利が保護されている著作物です。無断で転載，複写されると，著作権等の権利侵害となります。上記のような使い方をされる場合には，あらかじめ当協会宛に許諾を求めてください。

② 本書の内容に関しては訂正・改善のため，将来予告なしに変更することがあります。本書の内容について訂正がある場合は，ホームページにて公開いたします。本書発刊後の法改正資料・訂正資料等の最新情報なども含みます。

③ 本書の内容については万全を期して作成いたしましたが，万一ご不審な点や誤り，記載漏れなどお気づきのことがありましたら，当協会宛にご連絡ください。過去問題は，当該年度の出題範囲の基準により作成しています。本年度の検定試験は別表の出題範囲にあわせて問題作成いたします。

④ 落丁・乱丁本はお取り替えいたします。

⑤ 誤りでないかと思われる個所のうち，正誤表掲載ページに記載がない場合は，
　　・「誤りと思われる内容（書名／級段／施行回数／ページ数／第〇問　等)」
　　・「お名前」
を明記のうえ郵送またはメールにてご連絡下さい。
回答までに時間を要する場合もございます。あらかじめご了承ください。
なお，正誤のお問い合わせ以外の書籍内容に関する解説・受験指導等は，一切行っておりません。

〒170-0004　東京都豊島区北大塚1－13－12
公益社団法人全国経理教育協会　検定管理課
ＵＲＬ：https://www.zenkei.or.jp/
メール：helpdesk@zenkei.or.jp

メールフォーム　　　正誤表掲載ページ

## 令和6年度版　社会人常識マナー検定試験　第38回・第40回・第42回・第44回・第46回・第48回・第50回・第52回・第54回　過去問題集　3級

2024年4月1日　第十四版発行

発行所
### 公益社団法人　全国経理教育協会
〒170-0004 東京都豊島区北大塚1丁目13番12号　Tel.03（3918）6131　Fax.03（3918）6196
http://www.zenkei.or.jp

発売所
### 株式会社清水書院
〒102-0072 東京都千代田区飯田橋3-11-6　Tel.03（5213）7151　Fax.03（5213）7160
https://www.shimizushoin.co.jp/

印刷所
### ㈱エデュプレス
ISBN978-4-389-43069-6
乱丁，落丁本はお手数ですが当社営業部宛にお送りください。
送料当社負担にてお取り替えいたします。
［東京オフィス］
〒110-0005 東京都台東区上野3-7-5　Tel.03（5807）8100　Fax.03（5807）8101